NZZ LIBRO

Roger Schawinski

VERSCHWÖRUNG!

Die fanatische Jagd nach dem Bösen
in der Welt

NZZ Libro

Bibliografische Information der Deutschen Nationalbibliothek

Die Deutsche Nationalbibliothek verzeichnet diese Publikation
in der Deutschen Nationalbibliografie; detaillierte bibliografische Daten
sind im Internet über http://dnb.d-nb.de abrufbar.

© 2018 NZZ Libro, Neue Zürcher Zeitung AG, Zürich

Lektorat: Simon Wernly, Langenthal
Umschlag: TGG Hafen Senn Stieger, St. Gallen
Gestaltung, Satz: Gaby Michel, Hamburg
Druck, Einband: CPI books GmbH, Leck

Dieses Werk ist urheberrechtlich geschützt. Die dadurch begründeten Rechte,
insbesondere die der Übersetzung, des Nachdrucks, des Vortrags, der Entnahme
von Abbildungen und Tabellen, der Funksendung, der Mikroverfilmung oder der
Vervielfältigung auf anderen Wegen und der Speicherung in Datenverarbeitungs-
anlagen, bleiben, auch bei nur auszugsweiser Verwertung, vorbehalten. Eine
Vervielfältigung dieses Werks oder von Teilen dieses Werks ist auch im Einzelfall
nur in den Grenzen der gesetzlichen Bestimmungen des Urheberrechtsgesetzes in
der jeweils geltenden Fassung zulässig. Sie ist grundsätzlich vergütungspflichtig.
Zuwiderhandlungen unterliegen den Strafbestimmungen des Urheberrechts.

ISBN 978-3-03810-327-1

www.nzz-libro.ch
NZZ Libro ist ein Imprint der Neuen Zürcher Zeitung.

Inhalt

Einleitung **6**

Der TV-Eklat **11**

Die Weltverschwörungstheorien **21**

Doktor Daniele Ganser **35**

9/11 **59**

Lügenmedien und Fake News **71**

Das Internet als Brandbeschleuniger **83**

Immer extremer **91**

Verschwörungstheoretiker-in-Chief **105**

Die Stars **119**

Und so gehen sie vor **133**

Sekten und Verschwörungstheorien **143**

Die Fans **151**

Links/Rechts **163**

Fazit **176**

Literaturverzeichnis **186**

Der Autor **192**

Einleitung

Dieses Buch führt in eine Welt, die sich bereits in einer fernen Vergangenheit gebildet hat, die heute aber immer mehr an Aktualität und Bedeutung gewinnt. Es ist eine Welt, in der ganz andere Regeln gelten. In ihr werden uralte Verhaltens- und Glaubensmuster gepflegt, die wir in unserer Zeit, in der die wissenschaftliche Sicht alle anderen Erkenntnismethoden überstrahlt, für längst überholt hielten. Es ist die Welt der Verschwörungstheoretiker.

In den Recherchen zu diesem Buch stiess ich auf Abgründe, die mich verblüfften. Ich erfuhr von Strukturen und Überzeugungen, die nicht allein in Randgruppen vorhanden sind, sondern zunehmend ins Zentrum unserer Gesellschaft drängen und uns damit immer stärker betreffen. Informationen über diese Gruppierungen sollen mithelfen, diese Entwicklung besser einschätzen zu können und, wo nötig, sich gegen sie zu schützen.

Verschwörungstheoretiker haben sich in ihrer Subkultur ein neues Universum geschaffen. Dort breiten sie sich trotz der weitgehenden Ausgrenzung durch die traditionellen Medien immer weiter aus. Weil ihnen die wichtigsten Plattformen meist verschlossen bleiben, haben sie eben eigene geschaffen. So haben sie sich vor allem im Internet und im Buchmarkt eingenistet, ohne dass dies von einer breiten Öffentlichkeit so richtig wahrgenommen wird. Die Bedeutung, die diese Szene erlangt hat, wird massiv unterschätzt. Dieses Buch ist ein Versuch, die dadurch entstandene Informationslücke ein Stück weit zu schliessen.

Es war ironischerweise ausgerechnet die Aufklärung, die zum Aufkommen von Verschwörungstheorien beigetragen hat. In den Jahrhunderten zuvor wurden persönliche Schicksalsschläge und gesellschaftliche Katastrophen dem unergründlichen Ratschluss Gottes zugeschrieben, den man nicht infrage zu stellen wagte. Als sich jedoch der Blick der Menschen weitete und sie die meisten der Umwälzungen und Niederlagen mithilfe der sich rasant entwickelnden Wissenschaft erklären konnten, machten sich viele auf die Suche nach den dafür Schuldigen. Bei diesem Unterfangen, bei dem man das für das eigene Unglück verantwortliche «Böse» aufspüren wollte, erfand man Verschwörungstheorien, die alles in einfachster Weise und mit einer Vielzahl von Beweisen zu erklären vermochten. Studien zeigen, dass heute etwa jeder dritte Amerikaner mindestens an eine Verschwörungstheorie glaubt. Dies ist ein Befund, der unter anderem belegt, dass das Vertrauen in die zentralen Institutionen der Gesellschaft in bedenklicher Weise abnimmt. Für Europa liegen ähnliche Befunde vor.

Dieses Buch spannt den Bogen von den Weltverschwörungstheorien der Vergangenheit bis in die Gegenwart, weil sich erstaunlicherweise viele der alten Muster und Inhalte erhalten haben. Vor allem dank der phantastischen Möglichkeiten des Internets vernetzen sich Verschwörungstheoretiker heute mit einer zuvor unvorstellbaren Intensität. Sie können sich nicht nur untereinander mit Leichtigkeit austauschen, sondern auf jede Kritik blitzschnell und je nach Bedarf auch mit extremer Heftigkeit reagieren. Die traditionellen Medien werden von ihnen in zwei Kategorien eingeteilt: So gibt es aus ihrer Sicht die «fairen» Medien, die entweder liebedienerisch oder ahnungslos ihre Verschwörungstheorien verbreiten. Abgelehnt und verunglimpft werden hingegen alle anderen Medien, die man als Kriegstreiber, Lügenmedien, Lückenmedien, Fake-News-Medien und Verfälscher denunziert. Verschwörungstheoretiker werden dieses Buch unweigerlich der zweiten Gruppe zuordnen, weil es aufzuzeichnen versucht, wie ihre im Halbdunkel agierende Szene funktioniert, mit welchen fragwürdigen Methoden sie vorgeht und welche Dimensionen sie bereits erlangt hat.

Vor Beginn meiner Recherchen hat mich ein Insider gewarnt, mich nicht in dieses Thema «zu verbeissen», wie er meinte, weil ich mich damit einer in ihrem Ausmass nicht absehbaren Anfeindung durch die Anhänger aus Verschwörungstheoretiker-Kreisen aussetzen werde. Doch diese wohl unvermeidlichen Angriffe nehme ich in Kauf, weil ich die Thematik für zu wichtig halte, um mich von den zu erwartenden Attacken einschüchtern zu lassen.

Die Kapitel dieses Buches folgen einem roten Faden. Allerdings lassen sich einzelne Kapitel auch überspringen, ohne dass der Kontext in störender Weise verloren geht. So werden die beliebtesten und gefährlichsten Verschwörungstheorien vorgestellt, ebenso die wichtigsten Repräsentanten der heutigen Szene in mehreren Ländern, vor allem in der Schweiz, in Deutschland und in den USA. Ebenfalls werden die Voraussetzungen und Methoden für eine erfolgreiche Karriere als Verschwörungstheoretiker aufgezeigt. Auch werden die Gemeinsamkeiten im Vorgehen der heute führenden Vertreter dieser Zunft präsentiert. Zudem wird die andere Seite beleuchtet, nämlich die Welt der Anhänger, der Fans. So wird die Frage beantwortet, welche Menschen eher auf Verschwörungstheorien setzen als andere. Dabei zeigt es sich, dass es nicht blosse Zufälle sind, die eine Person in die abgründige Welt der Verschwörungstheorien führen. Und es werden die ideologischen Wurzeln der meisten der heute gängigen Verschwörungstheorien offengelegt, um ihre Zielsetzungen richtig einordnen zu können.

Zwei Personen werden im Buch unter verschiedensten Aspekten und in mehreren Kapiteln genauer beleuchtet. Es handelt sich einerseits um Daniele Ganser, der sich in den letzten Jahren als äusserst erfolgreicher «Friedensforscher» eine besondere Stellung in der Welt der deutschsprachigen Verschwörungstheoretiker aufgebaut hat. An seinem Beispiel wird detailliert aufgezeigt, welche Mechanismen und Techniken angewandt werden, um innerhalb dieser Community die grösstmögliche Wirkung zu erzielen. Andererseits wird die Rolle, die Donald Trump als mächtigster Mann der Welt in der Welt der Verschwörungstheoretiker einnimmt, in mehreren Kapiteln analysiert.

Alles deutet darauf hin, dass die Verschwörungstheoretiker unsere wichtigsten Institutionen im aktuellen Umfeld von stark verunsicherten und auseinanderfallenden Gesellschaften gezielt unterminieren. Dank ihrer ständig wachsenden Breitenwirkung werden sie wohl in näherer Zukunft noch eine weit bedeutendere Rolle spielen als bisher. Deshalb erfolgt mit diesem Buch der Versuch, etwas Licht in diese meist im Dunkeln operierende Welt zu bringen, die vieles unternimmt, um zentrale Errungenschaften unserer Zivilisation zum Einsturz zu bringen.

Roger Schawinski
Februar 2018

Daniele Ganser und Jonas Projer: «Worüber ist Ihre Doktorarbeit?»
Foto: SRF, *Arena* vom 24.2.2017

Der TV-Eklat

Nichts deutete auf einen aussergewöhnlichen Fernsehabend hin. Das Thema der wöchentlichen Talkshow *Arena* im Schweizer Fernsehen lautete: «Trumps Krieg gegen die Medien». Dieser und ähnliche Titel erschienen im Februar 2017 auch bei anderen TV-Sendern im Programm. Doch dann löste dieser unspektakuläre Ansatz einen Sturm aus, wie ihn die öffentlich-rechtliche Schweizer Medienanstalt noch nie erlebt hat. Über 500 Beanstandungen gingen fristgerecht bei Ombudsmann Roger Blum ein, und dies nicht allein aus dem Inland. Viele empörte Zuschauer meldeten sich aus Deutschland, Luxemburg, Holland, einzelne sogar aus Italien, Indonesien, den Philippinen, Spanien und der Türkei – und dies mit Bezug auf eine Sendung, die wegen ihrer im Schweizer Dialekt geführten Diskussion ausserhalb des direkten Sprachgebiets kaum Zuschauer finden konnte.

Was führte zu diesem TV-Ereignis, über das noch Monate später heftig diskutiert wurde? Die Ereignisse etwas detailliert nachzuzeichnen, führt tatsächlich zu erstaunlichen Einsichten.

Nach einem weitgehend harmlosen Geplänkel zu Beginn der Sendung zwischen zwei der vier eingeladenen Protagonisten brachte der Moderator Jonas Projer Daniele Ganser ins Spiel, der den Zuschauern in der Vorstellungsrunde als «umstrittener Historiker» präsentiert worden war, was dieser aufgebracht als unzulässige und tendenziöse Herabsetzung kritisierte. Daniele Ganser, der selbst unter der Bezeichnung «Historiker» und «Friedensforscher» firmiert, hat sich in den letzten Jahren in unzähligen Vorträgen und mehreren Büchern, die gewaltige Auflagen erlebten, im deutschen Sprachraum als führender Kritiker der offiziellen Darstellung der Attentate von 9/11 profiliert.

Die Entscheidung, ihn in diese Sendung einzuladen, war nur auf den ersten Blick überraschend. Der junge, aber bereits sehr gewiefte und alerte Moderator Jonas Projer hatte schon früher auf eine unkonventionelle Gästewahl gesetzt, um das traditionelle Muster der immer gleichen Politikergesichter aufzuweichen, die in allen deutschsprachigen TV-Talks routinemässig ihre vorhersehbaren Parolen absondern. So waren zuvor etwa eine ehemalige Miss Schweiz oder ein viel beachteter Blogger aus dem Migrationsmilieu aufgetreten, um der *Arena* frischen Schwung und eine Prise Spektakel zu verleihen. Und deshalb war nun wohl auch Daniele Ganser in der Sendung, in dem viele Beobachter einen führenden Kopf der Verschwörungstheoretiker-Szene sehen.

Daniele Ganser kam mit einem sofort erkennbaren Plan ins Studio. Dieser sah vor, dass er sich dem offiziellen Thema der Diskussion von Beginn weg verweigern würde, um die für ihn riesige und deshalb besonders attraktive Bühne für die Verbreitung seiner Hauptthesen zu nutzen: nämlich, dass 9/11 eine Verschwörung der US-Regierung sei, dass Friedensnobelpreisträger Barack Obama im Jahr 2016 Stunde für Stunde drei Bomben abgeworfen habe und dass die USA und die von ihr beherrschte Nato seit Jahrzehnten illegale Kriege führen würden. Mit dieser Taktik sollten die anderen Teilnehmer der Sendung gezwungen werden, laufend auf seine Argumente einzugehen, was ihm dann bei seinen weitschweifenden Repliken die erwünschte grossflächige Sendezeit verschaffen würde.

Kurz nach Sendebeginn setzte Ganser einen zusätzlichen Trick ein. Um gleichzeitig seine wissenschaftliche Kompetenz hervorzuheben und die Glaubwürdigkeit des Moderators auf einen Schlag zu untergraben, fragte er diesen: «Meine Doktorarbeit ist über inszenierten Terrorismus im Kalten Krieg und Operation Gladio. Worüber ist Ihre Doktorarbeit?» Auf diese ungewöhnliche Provokation ging Jonas Projer nicht ein, der, wie Ganser genau wusste, keinen Doktortitel vorweisen kann.

Doch bald darauf lief die Sache aus dem Ruder. Projer spielte einen Tweet ein, den Daniele Ganser seinen Anhängern nach einer kurz zuvor ausgestrahlten TV-Sendung im Wissenschaftsmagazin *Einstein* geschickt hatte, in dem seine Person und seine Thesen zu 9/11 ausführlich beleuchtet wurden. Dieser Tweet sollte Teil einer Beweisführung des Moderators sein, mit der er aufzeigen wollte, dass Ganser ein überführter Verschwörungstheoretiker ist.

In diesem Tweet kritisierte Ganser den TV-Beitrag aufs Heftigste: «Für das SRF ist kritische Forschung zu WTC7 = Verschwörungstheorie. Diffamierung statt Aufklärung. Schade!», schrieb er. WTC7 ist die Bezeichnung eines dritten Gebäudes im damaligen World Trade Center in New York, in das am 11. September keines der beiden Flugzeuge einschlug, das jedoch einige Stunden später in sich zusammensackte. Diese Tatsache ist für Kritiker wie Ganser der klarste Hinweis auf eine Verschwörung durch die amerikanische Regierung bei 9/11.

Daraufhin spielte der Moderator eine Mail von Ganser mit genau gegenteiliger Aussage ein, die dieser dem Produzenten der TV-Sendung geschickt hatte. «Ich fand den Teil zu 911 und WTC7 fair und sachlich. Danke. (…) Herzlich Daniele», lautete dieser Text.

Nun explodierte Ganser. «Sie haben weggeschnitten, was ich anschliessend gesagt habe», rief er empört aus. Dies sei Manipulation, und zwar auf übelste Weise! Moderator Projer konterte leicht verunsichert, dass sich der nicht gezeigte zweite Teil dieser Mail auf andere Beiträge von *Einstein* bezogen habe, nicht auf WTC7, und in diesen sei Ganser nicht erwähnt worden. Deshalb sei es richtig gewesen, diesen Text nicht zu zeigen, sondern ihn wegzulassen. Das sah Ganser jedoch ganz anders. Er wollte sich dagegen verwahren, dass seine

Thesen zu 9/11 in einer Sendung mit offensichtlichen Verschwörungstheorien präsentiert wurden.

«Jetzt erleben Sie es live», verkündete Ganser triumphierend, «Sie schneiden einfach einen Teil weg. Deshalb verlieren die Menschen das Vertrauen in die Medien.»

Diese Diskussion zwischen Moderator und Ganser eskalierte während unsäglich langen Minuten weiter, bis Jonas Projer entnervt gar mit dem «Abbruch der Sendung» drohte, was einem beispiellosen Eklat gleichgekommen wäre. Er versprach dann aber ziemlich kleinlaut, baldmöglichst den fehlenden Teil der inkriminierten Mail nachzuliefern, was kurz darauf auch geschah. Gansers zuvor nicht gezeigte Kritik an der Sendung *Einstein* lautete: «Der [sic!] Mix mit Klimalüge und Protokolle hingegen fand ich schlecht.»

«*Sie* machen Verschwörungstheorie, live in der *Arena*», warf Projer seinem Gast Ganser vor. Worauf dieser antwortete: «Machen Sie doch eine Sendung zu 9/11!» – er legte damit sein eigentliches Anliegen offen. Und dann nutzte Ganser die Gelegenheit, um hinzuzufügen, dass es bei 9/11 «in jedem Fall eine Verschwörung gegeben» habe.

Die Reaktion auf diese *Arena* war überwältigend. Die Kommentarspalten in Internetportalen quollen von Einträgen über. Vor allem Anhänger von Ganser meldeten sich zu Wort, die sich für ihren «Doktor Ganser», den studierten Historiker und Friedensforscher, in die Bresche warfen und den Moderator und die anderen anwesenden Kritiker mit zum Teil übelsten Beschimpfungen eindeckten. Ganser selbst befeuerte die Debatte mit eigenen Beiträgen in den Social Media, was schliesslich zur erwähnten Rekordzahl von Beanstandungen gegen Jonas Projer und die *Arena* führte.

Dieses Beispiel zeigt Exemplarisches über die Welt der Verschwörungstheoretiker. Erstens nutzen sie jede sich bietende Gelegenheit, um sich mit ihren Thesen in Szene zu setzen. Zweitens manipulieren sie jede sachliche Diskussion, um ihr Anliegen in den Mittelpunkt zu stellen. Und drittens ergreifen sie jede sich bietende Chance, um ihrerseits der Gegenseite eine Verschwörung zu unterstellen, um so vom selbigen Vorwurf gegen sich abzulenken.

Tatsächlich war das Vorgehen der *Arena*-Redaktion ungeschickt. Der von ihr öffentlich gemachte Widerspruch zwischen einer privaten Mail und einem breit gestreuten Tweet diente bestenfalls als Beweis für die Charakterschwäche und den Opportunismus von Daniele Ganser, der sich bei beiden Empfängern mit diametral entgegengesetzten Aussagen einschmeicheln wollte. Ein Beleg für eine Verschwörungstheorie war es nicht. Und durch das ungeschickte Weglassen eines nicht klar formulierten Teils einer Mail lieferte man ihm eine Steilvorlage, um seine grundsätzliche Kritik am unzulässigen Verhalten der «unseriösen Medien» gegenüber Leuten wie ihm zu demonstrieren.

Bei seinen Fans führte dieser Vorfall zu grenzenloser Empörung, beim Durchschnittszuschauer sorgte er für Verunsicherung. SRG-Ombudsmann Roger Blum gab den Beanstandungen auf der ganzen Linie Recht und bezeichnete die Sendung in seinem nach rekordverdächtigen 160 Arbeitsstunden gefällten Urteil als «missraten». Insbesondere rügte er die Verwendung einer privaten Mail, die zudem nicht vollständig gezeigt worden sei. Damit habe die Redaktion gegen das «Sachgerechtigkeitsverbot» verstossen. Dieses Urteil wurde ein halbes Jahr später von der Unabhängigen Beschwerdeinstanz (UBI) umgestossen, die mit dem Stichentscheid der Vorsitzenden entschied, dass die *Arena* das Radio- und Fernsehgesetz nicht verletzt habe.

Trotzdem hatte Ganser sein Ziel in optimaler Weise erreicht, denn die Sendung hatte sich zum idealen Podium für seine Person und seine Thesen entwickelt. Dabei hätte ihn die *Arena*-Redaktion mithilfe eines weiteren, von Ganser verfassten Tweets problemlos als Verschwörungstheoretiker festnageln können, eine Bezeichnung, die Ganser als krass diffamierend ablehnt und weit von sich weist.

Dieser Tweet beinhaltet Gansers Einschätzung des Terroranschlags bei *Charlie Hebdo* und wurde ebenfalls in der Sendung eingeblendet. Er lautet:

«Selbst das könnte eine Operation unter falscher Flagge gewesen sein, wir wissen es nicht. (…) Für mich ist der Terroranschlag auf ‹Charlie Hebdo› ungeklärt. Sicher ist, dass der militärisch-industrielle Komplex davon profitiert.»

Auf diesen wenigen Zeilen finden sich auf kleinstem Raum viele der wichtigsten Codewörter der heute besonders aktiven Verschwörungstheoretiker. So wird von ihnen der Begriff «Operation unter falscher Flagge» häufig gebraucht. Darunter werden illegale Aktionen fremder Geheimdienste subsumiert, die dem politischen Gegner in die Schuhe geschoben werden. Ebenfalls zentral ist die darauffolgende Aussage: «… wir wissen es nicht.» Das heisst: Wir stellen nur Fragen. Mit diesem wohlfeilen Disclaimer werden Zweifel gesät, ohne für diese Aussage glaubwürdige Beweise liefern zu müssen. Oft folgt dann noch der Hinweis, man solle hinsehen, «die Augen öffnen» und nicht «blind» den offiziellen Thesen Glauben schenken.

Darauf folgt im Tweet der Ausdruck «ungeklärt», um den ausführlichen und eindeutigen Befund der Untersuchungen infrage stellen zu können, die in diesem Fall alle Hintergründe über die Attentäter detailliert aufzeigen. Und was nicht fehlen darf, ist der Hinweis auf den «militärisch-industriellen Komplex», der von Verschwörungstheoretikern als nicht näher erklärte Chiffre für alles Böse der Welt genutzt wird. Mit dieser Formulierung umschreibt Ganser gemeinhin die Aktionen der USA, der Nato und/oder des israelischen Geheimdienstes Mossad. Und schliesslich folgt der entscheidende Beleg für jede handfeste Verschwörungstheorie, nämlich, dass es «sicher» sei, wer «davon profitiert». Dies soll der definitive Beleg für die üblen Machenschaften sein, den man übrigens nicht einmal explizit zu beweisen braucht. Denn, derjenige, der profitiert, muss schuld sein, wird insinuiert. *Cui bono!* So wird der eigenen Glaubensgemeinschaft in wenigen Zeilen eine scheinbar unwiderlegbare Beweiskette für eine Verschwörung vorgelegt.

Als der Moderator Daniele Ganser fragte, welche Geheimarmee denn hinter der Aktion bei *Charlie Hebdo* stehe, antwortet dieser lakonisch: «Das kann ich Ihnen nicht sagen. Aber: Wir haben Terroranschläge, anschliessend haben wir Krieg.» Mit einer einzigen saloppen Bemerkung wischte er also das für ihn besonders heikle Thema vom Tisch, das in der Folge im Gewühl der hitzigen Sendung völlig unterging. So blieb unerwähnt, dass weder nach *Charlie Hebdo* noch nach dem späteren, noch blutigeren Anschlag im Pariser Nachtclub Bataclan ein Krieg ausgelöst wurde. Nutzen aus dieser Aktion haben einzig islamistische Terrororganisationen erzielt, die mit diesen erfolgreichen Auftragsaktionen ihr Ziel erreicht haben, wie sie der Welt in zahlreichen Verlautbarungen stolz mitteilten.

Und so standen am Ende der Sendung Moderator Jonas Projer und die Redaktion der *Arena* und nicht – wie von ihnen minutiös geplant – ihr Gast Daniele Ganser am Pranger. Der eloquente, charismatische und attraktive Ganser hatte auch aufgrund seiner Erfahrung aus vielen Vorträgen blitzschnell den ihm unverhofft gelieferten Steilpass erkannt und ihn mit theatralischer Geste und viel Geschwurbel für seine Zwecke genutzt. Nicht er, sondern «die Medien» hatten sich vor laufender Kamera mit miesen Taktiken Vorteile verschaffen wollen, legte er dar. Und damit war er folgerichtig kein Verschwörungstheoretiker, sondern umgekehrt das Opfer einer Verschwörung. Denn es ist die permanente Aufgabe von Verschwörungstheoretikern, angeblich reale Verschwörungen aufzudecken. Damit wollen sie den definitiven Beleg dafür liefern, dass immer die anderen Verschwörungstheoretiker sind und keinesfalls sie selbst. Und Daniele Ganser hatte diesen Beweis in einer nationalen Live-Sendung vor einem riesigen Publikum erbracht! Das war mehr, als er sich wohl in seinen kühnsten Träumen für diesen Abend erhofft hatte. Und tatsächlich feierten er und seine Fans diesen grossartigen Sieg mit einem Tsunami von Wutbotschaften bei Facebook, zudem in den Kommentarspalten vieler Medien und mit einer Rekordzahl von Beanstandungen beim TV-Beauftragten.

Der deutsche Verschwörungstheoretiker Heiko Schrang, der Bücher mit Titeln wie *Die Jahrhundertlüge, die nur Insider kennen* veröffentlicht hat, ist davon überzeugt, dass Ganser bei dieser Sendung aufgrund eines «Geheimplans» aufs Glatteis geführt worden sei. Damit kolportierte er ohne jeden Beweis eine veritable Verschwörungstheorie über eine solche Aktivität der Medien. Schrang teilte seinen Lesern zusätzlich mit, dass bereits Jahre zuvor die Information geleakt worden sei, dass TV-Talkshow-Moderatoren gezielt geschult würden, um nichtkonforme Gesprächspartner mit besonders üblen Methoden in die Ecke zu treiben und so zu diffamieren. Ein solches Programm habe auch der ZDF-Talker Markus Lanz durchlaufen, verbreitete das Internetportal Epoch Times, das ebenfalls den Verschwörungstheoretikern zugerechnet wird. Schrang weiter: «Immer mehr Menschen empfinden das Fernsehprogramm als geistige Körperverletzung», eine Beurteilung, der Daniele Ganser in seinem Blog, in dem er diese Aussage aufnahm, ohne Abstriche zustimmte.

Waren es die Besonderheiten dieser Sendung, die zu diesem Resultat führten? Oder ist es unvermeidlich, dass Diskussionen mit Verschwörungstheoretikern diesen Verlauf nehmen? Ist es sinnvoll, diese Leute ins Studio zu laden, wenn man sich davon echte Erkenntnisse für ein breites Publikum erhofft? Und sind neutrale Zuschauer und im Studio anwesende Kritiker überhaupt in der Lage, den mit angeblichen Fakten überladenen Statements der Verschwörungstheoretiker ernsthaft etwas entgegenzusetzen? Der deutsche Politikwissenschaftler Markus Linden ist skeptisch. In der *Neuen Zürcher Zeitung* erklärte er, dass der «rhetorisch und intellektuell brillante»

Daniele Ganser als Talkshowgast schnell «etablierte bundesdeutsche Sendeformate sprengen könnte, wenn er denn eingeladen würde» – was aber im Gegensatz zur Schweizer *Arena* bisher noch nicht geschehen ist.

Mit diesen Gedanken verliess ich an jenem denkwürdigen Abend diese TV-Sendung, die ich als einer der Teilnehmer von ganz nahe erlebt hatte. Ich hatte zwar einige kritische Einwände gegen die 9/11-Auslassungen von Ganser geäussert, mich aber fast ganz aus der hitzigen Mail-Kontroverse herausgehalten. Trotzdem wurde ich in den Social Media in der Folge mit zum Teil sehr verletzenden Beiträgen aus der Fangemeinde von Ganser eingedeckt. Als sich die Sache über Wochen weiter steigerte, erkannte ich, dass sich unter dem Codewort «Friedensforschung» eine grosse und extrem militante Gemeinde von Menschen zusammengefunden hat, die sich den führenden Verschwörungstheoretikern bedingungslos ausgeliefert hat. Diese Community duldet nicht den geringsten Widerspruch und attackiert alle Kritiker reflexartig und blitzschnell aufs Heftigste. Und so entstand der Gedanke, sich diesem Thema intensiv zuzuwenden. Das Produkt dieser Untersuchungen ist dieses Buch, in dem wir uns nun als Nächstes der Geschichte und den Grundlagen der Verschwörungstheorien zuwenden werden.

Protokolle der Weisen
Quelle: Deutsches Historisches Museum, Berlin

Die Weltverschwörungstheorien

Am 15. März 44 v. Chr. betrat Julius Cäsar das Senatsgebäude im Theater des Pompeius in Rom, obwohl ihn seine Frau wegen schwerer Albträume in der eben vergangenen Nacht vor diesem Gang gewarnt hatte. Ausserdem litt er an jenem Tag an einer schweren Erkältung. Doch Verschwörer hatten den Imperator mit dem Versprechen angelockt, dass er eine weitere Ehrung empfangen würde, und von denen konnte er, wie sie nur zu gut wussten, nie genug bekommen. Als er im Gebäude eintraf, wurde er von einigen Senatoren sofort umringt, die ihn in einer minutiös geplanten Aktion mit 23 Messerstichen ermordeten.

Die Geschichte kennt viele solcher Verschwörungen. Doch wie kann man echte Verschwörungen von erfundenen oder erdachten unterscheiden? Leider gibt es dafür keine klaren, objektiven Unterscheidungskriterien. Es ist jeweils ein subjektiver Entscheidungsprozess notwendig, in dem zwischen Fakten und blossen Annahmen unterschieden werden muss.

Karl Hepfer definiert dies in seinem Buch *Verschwörungstheorien. Eine philosophische Kritik der Unvernunft* wie folgt: Eine Verschwörung «lässt sich als das geheime Zusammenwirken einer (in der Regel überschaubaren) Gruppe von Personen definieren, deren Absprachen und Handeln darauf zielen, die Ereignisse zu ihrem eigenen Vorteil (und damit zugleich zum Nachteil der Allgemeinheit) zu beeinflussen. Eine Verschwörungstheorie ist entsprechend der Versuch, (wichtige) Ereignisse als Folge derartiger geheimer Absprachen und

Aktionen zu erklären ... Theorien treten allgemein mit dem Versprechen an, uns zu einem besseren Verständnis der Welt zu verhelfen und Verschwörungstheorien sind hier keine Ausnahme.» Bei Verschwörungstheorien verbleibe immer ein Restzweifel, welche Interpretation zutrifft. Deshalb, so Hepfer: «Beispiele für zunächst unwahrscheinlich klingende Szenarien, die sich später als zutreffend herausstellten, gibt es in der historischen Forschung schliesslich genug. Um es kurz zu machen: Auch an Verschwörungstheorien können wir (so wie an alle empirischen Theorien) deshalb nur eine Messlatte anlegen, die von ‹wahrscheinlich›, über ‹vielleicht zutreffend› bis ‹abstrus› und ‹sehr unwahrscheinlich› reicht.» Wissenschaftstheoretisch ist zwar die Bestätigung einer echten Verschwörung möglich, hingegen ist eine empirisch bewiesene definitive Widerlegung in keinem Fall möglich. Dieter Groh beschreibt Verschwörungstheorien in «Die verschwörungstheoretische Versuchung oder: Why do bad things happen to good people?» als «monokausale, nach aussen hin abgeschlossene (d.h. nicht falsifizierbare) und komplexitätsreduzierende Erklärungszusammenhänge, die komplexe Ereignisse auf das Wirken weniger identifizierbarer Akteure reduzieren». Einfacher formuliert: Es gibt aus wissenschaftstheoretischer Sicht keine absolute Sicherheit, dass eine Verschwörungstheorie falsch ist, weil dafür keine absolut unwiderlegbaren Beweise vorgelegt werden können.

Traditionell blühen Verschwörungstheorien in unsicheren Zeiten auf – und in einer solchen befinden wir uns zurzeit. Donald Trump, der sich gewohnheitsmässig und ohne jegliche Hemmungen bei Verschwörungstheorien bedient, um sich auf diese Weise persönliche Vorteile zu verschaffen, hat diese bereits zuvor vorhandenen Tendenzen in seiner bisherigen Amtszeit als Präsident der USA noch weiter verstärkt. Dank seiner Position legitimiert der mächtigste Mann der Welt eine solche Vorgehensweise. Hepfer beschreibt diesen Mechanismus so: «Der Rückzug auf einfache Welterklärungen, wie Verschwörungstheorien sie anbieten, ist daher eine naheliegende Strategie der Gegenwehr gegen die zunehmend unübersichtliche und unverbindliche Realität. Er ist die naheliegende Antwort auf eine Krise, die zugleich subtiler und tiefgreifender ist als ihre historischen Vorläufer.»

Das heisst: In einer immer komplexeren Gegenwart sucht man nach einfachen Erklärungen, die den oft nicht aufschlüsselbaren Ereignissen einen Sinn geben. Dieser Ansatz kann zu einem entscheidenden Beitrag für die eigene Lebensbewältigung werden. Dazu bietet es sich als Erstes an, die Welt in Gut und Böse zu teilen. Es sind vor allem Menschen, die sich in Stresssituationen befinden, die nach einfachen Erklärungen für das Böse suchen, dem sie sich ausgesetzt fühlen. In einer Zeit, in der man den Autoritäten und ihren Vertretern immer mehr misstraut, ist man besonders empfänglich für Thesen, die den offiziellen, für wahr gehaltenen Meinungen widersprechen. Dies ist einer der wichtigen Gründe, weshalb Verschwörungstheorien heute in immer weiteren Kreisen der Gesellschaft Anklang finden.

Verschwörungstheorien liefern absolute und letztgültige Antworten auf komplexe Fragen und sind deshalb besonders attraktiv. Da die Verschwörer zumeist als allmächtig beschrieben werden, können vorgelegte Gegenargumente mit dem Hinweis beiseitegeschoben werden, dass genau dies ein weiterer Beweis für die Existenz einer besonders heimtückischen und gefährlichen Verschwörung sei.

Ein unverzichtbarer Bestandteil jeder verschwörungstheoretischen Erzählung ist zuerst das Vorliegen einer für alle sichtbaren Erklärung. Solche Erklärungen stellen beispielsweise die offiziellen Versionen der Ermordung von John F. Kennedy oder die Bilder der ersten Mondlandung dar. Daneben gibt es aber gemäss Verschwörungstheorien eine zusätzliche, geheime und damit unsichtbare Erklärung, mit der die «Defekte» in der sichtbaren Erklärung aufgedeckt werden können, schreibt David Kelman in *Counterfeit Politics*.

Damit wird suggeriert, dass die Verschwörungstheorie durch das Aufdecken des «Geheimnisses» die «Wahrheit» enthüllt.

Verschwörungstheorien sind keine Theorien im wissenschaftlichen Sinn. Es handelt sich zumeist um blosse Hypothesen, mit denen gewisse Ereignisse erklärt werden sollen. Dabei werden Gegenargumente und empirische Belege nicht oder nur am Rande zur Kenntnis genommen, um sie umgekehrt als Beleg einer besonders heimtückischen Verschwörung interpretieren zu können. Verschwörungstheorie-Experte Michael Butter beschreibt diesen Mechanismus in der *Zeit*: «Es gibt empirische Experimente, bei denen man Verschwörungstheoretiker mit überzeugenden Gegenargumenten konfrontiert hat. Ergebnis: Sie glauben danach noch stärker an ihre Theorie als zuvor ... Mit eingefleischten Verschwörungstheoretikern kann man nicht diskutieren.»

Da die prominenten Verschwörungstheoretiker den hier geschilderten Mechanismus genau kennen, suchen und geniessen sie die öffentlichen Auseinandersetzungen mit ihren Kritikern, weil sie und ihre Fans sich dadurch gestärkt fühlen. Deshalb muss man sich Gedanken machen, wie man ihnen in sinnvoller Weise entgegentreten kann. Dieses Buch ist unter anderem auch ein Versuch, dass man sich dazu eine gewisse Klarheit zu verschaffen vermag.

Generell wollen Verschwörungstheorien eine Logik und eine Kohärenz belegen, die aber nicht existieren, und deshalb sind sie eigentlich nicht mehr als Dogmen. So werden von ihnen Zusammenhänge zwischen Tatsachen herbeikonstruiert, Zufälle bestritten, angebliche Experten und Insider zitiert und manchmal auch Belege gefälscht, schreibt der deutsche Kommunikationswissenschaftler Tobias Jaecker, der die Bezeichnungen «Verschwörungsideologie» oder «Verschwörungsmythos» für sachgerechter hält. Allerdings hat sich die Bezeichnung Verschwörungstheorie durchgesetzt, weshalb er sie ebenfalls verwendet, was wir in diesem Buch auch so halten werden.

Bei Verschwörungen soll es sich um geheime Absprachen und Aktionen von gewissen Gruppen zum eigenen Vorteil und zum Nachteil der Allgemeinheit handeln. Bei diesen Verschwörern mit ihrem verderblichen Handeln geht es in der Regel um Gruppen, gegen die in der Gesellschaft Vorurteile bestehen, die also bereits traditionell dämonisiert werden und die zudem als übermenschlich böse und gerissen beschrieben werden. Um dieses Image zu verstärken, werden ihnen oft Eigenschaften zugeschrieben, die sonst allein die Götter aufweisen sollen, nämlich Allmacht und Unfehlbarkeit, gegen die man sich mit allen zur Verfügung stehenden Mitteln zur Wehr setzen muss.

Gleich wie die Mythen der Vergangenheit lassen sich Verschwörungstheorien von Machthabern gezielt zur Rechtfertigung von Unterdrückungsmassnahmen einsetzen, die dem Erhalt ihres Regimes dienen. Je stärker diese (angeblichen) Verschwörer von den Herrschenden dämonisiert werden, desto eher kann dies als Hinweis dafür dienen, dass die vorgebrachte Theorie ein Produkt der Verunglimpfung ist.

Wer von einem Ereignis profitiere, müsse es verursacht haben, ist eine Hauptthese von Verschwörungstheoretikern. Und deshalb stellen sie jeweils die Frage: *Cui bono?* – Wer hat Nutzen aus einem Vorkommnis gezogen? Verschwörungstheoretiker glauben, dass sie mit diesem Ansatz in jedem Fall auf die Übeltäter stossen. Das heisst, sie zäumen das Pferd vom Schwanz auf, legen zuerst fest, wer Nutzen aus einer Aktion zieht, um dann die dafür notwendigen Beweise zu suchen. Das ist sehr oft viel zu kurz gegriffen.

Zusätzlich bedienen sich Verschwörungstheoretiker des Analogieschlusses. Das heisst, wer früher Böses verursacht hat, der gilt bei einem neuen Ereignis automatisch als Hauptverdächtiger. Die amerikanischen Regierungen mit den nachgewiesenen Verschwörungen bei Watergate, den vielen düstern Machenschaften des CIA, den vorgeschobenen Gründen für den Vietnamkrieg und vielem mehr stehen deshalb für die meisten Verschwörungstheoretiker automatisch im dringenden Verdacht, auch den 11. September inszeniert zu haben. «Sie meinen, der Analogieschluss von vergangenen auf zukünftige Handlungen sei bereits durch die allgemeine Zulässigkeit von Analogien in der wissenschaftlichen Argumentation hinreichend gedeckt», schreibt Hepfer. Was aber in den Naturwissenschaften Gültigkeit haben kann, gilt hier nicht automatisch, weil «menschliches Verhalten sehr viel komplexer ist als das Verhalten der unbelebten Natur».

Der amerikanische Politikwissenschaftler Daniel Pipes definiert in seinem Buch *Verschwörung, Faszination und Macht des Geheimen* zwei Formen von Verschwörungstheorien: Es gibt lokale Verschwörungstheorien mit begrenzten und Weltverschwörungstheorien mit unbegrenzten Zielen, wobei sich die Letzteren zu einer Lebensanschauung entwickeln können. Er umschreibt diese als «Verschwörungsdenken, Paranoia-Haltung, Mentalität der heimlichen Hand» und als «Konspirationismus». Weltverschwörungstheorien teilt er in zwei Grundtypen auf: einerseits Geheimbünde wie Freimaurer und Illuminaten und andererseits Verschwörungstheorien, die sich gegen Juden richten. Zu dieser zweiten Kategorie gehört die Mutter aller globalen Verschwörungstheorien, nämlich die *Protokolle der Weisen von Zion,* die bis heute in vielfacher Form ihre Wirkung erzielen.

Während die Autoren der *Protokolle* bis heute noch nicht zweifelsfrei eruiert sind, gibt es andere Aspekte, über die keine offenen Fragen mehr bestehen. So sind sich alle seriösen Wissenschaftler einig, dass es sich um eine Fälschung handelt. Dies wurde unter anderem nach einem längeren, ausführlichen Verfahren vom Obergericht im Kanton Bern im Jahr 1935 festgehalten. Ausgangspunkt war eine Strafanzeige des Schweizerischen Israelitischen Gemeindebunds (SIG) gegen fünf Mitglieder der nationalsozialistischen Nationalen Front, dem Schweizer Ableger der NSDAP.

In diesem Prozess wurde die Entstehungsgeschichte der *Protokolle* aufgerollt, die eine führende Rolle von Mitarbeitern des russisch-zaristischen Geheimdienstes Ochrana belegt, des kongenialen Vorläufers der späteren sowjetischen Geheimdienste Tscheka und KGB sowie des Putinschen Geheimdiensts FSB. So wurde die erste Fassung der *Protokolle* im Jahr 1903 in der rechtsextremen Sankt Petersburger Zeitung *Snamja* in neun Folgen publiziert. Es folgten Veröffentlichungen in anderen Ländern, vor allem in Deutschland und Frankreich. Einer der Beweise für das Vorliegen einer Fälschung war die Entdeckung, dass es sich über weite Strecken um ein plumpes Plagiat des Romans *Dialoge in der Hölle zwischen Machiavelli und Montesquieu* des französischen Autors und Anwalts Maurice Joly aus dem Jahr 1864 handelt. Philip Graves, der Istanbuler Korrespondent der Londoner Zeitung *The Times,* wies 1921 nach, dass es sich bei den *Protokollen* um ein böswilliges Phantasieprodukt handelt, das sich auf diesen Roman stützt.

In den *Protokollen* wird behauptet, dass es konkrete Pläne des «Weltjudentums» gebe, die Weltherrschaft zu übernehmen, um ein jüdisches Weltreich zu errichten. Angereichert wird diese These mit einer grossen Zahl von Behauptungen, etwa dass der Antisemitismus von den leitenden Juden gefördert werde, um «unsere Brüder aus den unteren Schichten zusammenzuhalten». Oder dass Wirtschaftskrisen absichtlich verursacht würden. Zudem sollten die Völker durch «Neid und Hass, durch Streit und Krieg, ja selbst durch Entbehrungen, Hunger und Verbreitung von Seuchen» zermürbt werden. Unter anderem verweisen die *Protokolle* auch auf die angebliche Schuld der Juden für die Verbreitung der Pest in den Jahren 1347 bis 1350. Es wurde behauptet, sie hätten diese Pandemie durch eine gezielte Vergiftung der Brunnen ausgelöst – eine der ersten von vielen verhängnisvollen Verschwörungstheorien, die über sehr lange Zeit in christlichen Kreisen gegen Juden vertreten wurden.

Die *Protokolle* wurden von antisemitischen Gruppierungen in vielen Ländern aufgenommen. Alfred Rosenberg, der spätere NSDAP-Parteiideologe, beschrieb die Entwicklung nach dem Ersten Weltkrieg als Bestätigung der *Protokolle*. Adolf Hitler erwähnte sie 1925 in *Mein Kampf:* «Wie sehr das ganze Dasein dieses Volks auf einer fortlaufenden Lüge beruht, wird in unvergleichlicher Art in den von den Juden so unendlich gehassten ‹Protokollen der Weisen von Zion› gezeigt. Sie sollen auf einer Fälschung beruhen, stöhnt immer wieder die ‹Frankfurter Zeitung› in die Welt hinaus; der beste Beweis dafür, dass sie echt sind ... Es ist ganz gleich, aus welchem Judenkopf diese Enthüllungen stammen, massgebend aber ist, dass sie mit geradezu grauenerregender Sicherheit das Wesen und die Tätigkeit des Judenvolks aufdecken und in ihren inneren Zusammenhängen sowie den letzten Schlusszielen darlegen.»

Damit argumentierte Hitler so, wie es heute die meisten Verschwörungstheoretiker auch tun. Das heisst, wenn eine These die eigenen Vorurteile stützt, wird sie blind übernommen, wobei es unwichtig ist, ob sie auf Fälschungen beruht oder nicht. Wenn die Echtheit von Kreisen bestritten wird, die man als Feinde definiert (die jüdische Presse), so wird dies als zusätzlicher Beweis benützt, um mit noch mehr Gewissheit auf der eigenen Meinung zu beharren. Aber nicht nur das: Wenn die Argumente der Gegenseite besonders überzeugend und nicht widerlegbar sind, dann ist dies für Verschwörungstheoretiker nur ein letzter Beweis dafür, dass es sich um eine besonders raffinierte und damit extrem gefährliche Verschwörung handeln muss, die es mit aller Macht zu bekämpfen gilt. Aufgrund dieser Logik dienten die *Protokolle* als eine der ideologischen Grundlagen von Hitlers Kampfs gegen die «jüdische Weltverschwörung», die Jahre später direkt in den Holocaust führten.

Hannah Arendt stellte in *Elemente und Ursprünge totalitärer Herrschaft* fest: «Wenn, mit anderen Worten, eine so offensichtliche Fälschung wie die *Protokolle der Weisen von Zion* von so vielen geglaubt wird, dass sie die Bibel einer Massenbewegung werden kann, so handelt es sich darum, zu erklären, wie dies möglich ist, aber nicht darum, zum hundertsten Male zu beweisen, was ohnehin alle Welt weiss, nämlich, dass man es mit einer Fälschung zu tun hat.» Die Antwort ergibt sich aus der Wirkungsweise von Verschwörungstheorien, nämlich, dass sie starke Zugehörigkeitsgefühle vermitteln, indem sie sich deutlich von den Werten vermeintlich feindlicher Gruppen und böser Mächte abgrenzen.

Die *Protokolle* sind wohl deshalb auch heute noch präsent. So wurden sie in der Nachsowjetzeit von rechtsnationalen Kreisen in Russland mittels hoher Buchauflagen verbreitet. Viel Anklang fanden sie vor allem in der arabischen Welt und wurden von einer Vielzahl von Führern positiv erwähnt, unter anderem von Ägyptens Präsident Gamal Abdel Nasser, König Faisal von Saudiarabien und dem libyschen Diktator Muammar al-Gaddafi. Die Hamas stützt sich in ihrer Charta von 1988 explizit auf die *Protokolle*, und dies hat sie bis heute nicht geändert. Dies zeigt, dass Verschwörungstheorien unabhängig von ihrem Wahrheitsgehalt und trotz erstklassiger Faktenlage über Jahrzehnte hinweg genutzt werden, wenn sie als ideologische Rechtfertigung für Verfolgung und Massenmord dienen können.

Es ist das Aufspüren der heimlichen Weltherrscher, die die Verschwörungstheoretiker am heftigsten umtreibt. Neben den Juden wurde diese Rolle historisch den Illuminati zugeschoben, einem im Jahr 1776 gegründeten Orden in Bayern, der sich ähnlich wie die Freimaurer mit geheimen Riten von der katholischen Kirche löste. Später wurden die Illuminati verboten, doch sollen sie weiterhin im Untergrund wirken, behaupten Verschwörungstheoretiker hartnäckig. Tatsächlich gibt es einige Gruppen, die sich diesen Namen angeeignet haben, aber die ihnen zugeschriebene Macht über die Welt und seine wichtigsten Institutionen konnten in keiner Weise belegt werden. Der

Mythos der Illuminati wurde in den letzten Jahren vor allem durch fiktionale Werke genährt, etwa durch Umberto Ecos *Das Foucaultsche Pendel,* die Bücher von Dan Brown und die *Illuminatus*-Werke von Robert Anton Wilson.

Auch die im Jahr 1714 gegründete Grossloge der Freimaurer wird als Herd einer Weltverschwörung gesehen. Diese Kritik erfolgt aufgrund der Geheimniskrämerei der Freimaurer in Bezug auf ihre Rituale, die in dieser den Idealen der Aufklärung verpflichteten Bewegung bis heute herrschen. Den Freimaurern wird unterstellt, dass ihre menschenfreundliche, demokratische Grundhaltung nur eine Tarnung sei, hinter der sich üble Gesellen verstecken, die seit Jahrhunderten die Herrschaft über die gesamte Menschheit planen würden. In Wirklichkeit handle es sich um eine gigantische Verschwörung. Unterstützt wird diese These mit einem Hinweis auf frühere prominente Mitglieder der Freimaurer-Gemeinschaft wie George Washington, Benjamin Franklin sowie Theodore und Franklin Delano Roosevelt.

Seit einigen Jahren wurde eine weitere Institution als heimliche Weltregierung identifiziert. Sie trägt den seltsamen Namen Bilderberger. Die Bilderberger-Konferenz erhielt ihren Namen aufgrund des ersten Tagungsortes im Hotel Bilderberg im holländischen Oosterbeek im Mai 1954. Während vieler Jahre führte Prinz Bernhard der Niederlande den Vorsitz dieses jährlichen Treffens von jeweils 130 führenden Persönlichkeiten, von denen etwa zwei Drittel aus Westeuropa und ein Drittel aus den USA eingeladen werden. Die Mehrheit von ihnen kommt aus dem Finanzsektor, der Industrie, den Hochschulen und den Medien, der Rest stammt aus Regierungen und politischen Institutionen. Bei diesen dreitägigen Konferenzen geht es vor allem um den Austausch verschiedener politischer Standpunkte, wobei die jeweils vorherrschenden Meinungen eines Landes gebührend vertreten sein sollen. Aber nicht nur politisch rechtsstehende Persönlichkeiten nahmen teil, sondern auch Tony Blair, Romano Prodi, Bill Clinton und Joschka Fischer.

Verschwörungstheoretiker beschreiben die Bilderberger als Geheimbund und geheime Weltregierung, die sich lange unter strikter Geheimhaltung in streng abgeriegelten und bewachten Hotels trifft. Dies bezeichnete Christoph Blocher, der Übervater der rechtspopulistischen Schweizer Partei SVP, der zweimal eingeladen wurde, als «Unsinn». Er habe zwei interessante Tagungen mit kontroversen Referaten erlebt, «die für die Welt von Bedeutung sind». Mehr war da nicht. Aufgrund der gegen sie erhobenen Vorwürfe aus Kreisen der Globalisierungsgegner veröffentlichten die Bilderberger bei ihrem Treffen in St. Moritz im Jahr 2011 erstmals ihre Teilnehmerliste.

Die langjährige Geheimhaltung von Teilnehmern und Konferenzthemen war für Verschwörungstheoretiker eine gerne aufgenommene Steilvorlage. So behauptet Des Griffin in seinem Buch *Die Herrscher: Luzifers 5. Kolonne,* dass die Bilderberger eine «Weltdiktatur» errichten wollen und ihre entsprechenden Pläne «erbarmungslos weiterentwickeln». Der deutsche Autor Andreas von Rétyi macht die Bilderberger verantwortlich für die Ölkrise im Jahr 1973, die deutsche Wiedervereinigung von 1990 und den Irakkrieg von 2003. Gemäss eines Artikels von Olivier Würgler in der *WOZ* behauptet Daniele Ganser, dass die USA im Rahmen der Bilderberg-Konferenz bereits drei Jahre vor Kriegsausbruch in Syrien den Sturz von Baschar al-Assad gefordert hätten. Einen Beweis für diese Behauptung liefert er hingegen nicht. Er beruft sich allein auf einen Artikel aus *Zeit-Fragen,* einer obskuren Zeitschrift der aufgelösten Psychosekte VPM (Verein zur Förderung der psychologischen Menschenkenntnis), wo dies ohne Beleg verkündet wird. Hingegen schliesst Marcus Klöckner im Sammelband *Konspiration: Soziologie des Verschwörungsdenkens,* in dem man sich generell erstaunlich offen für «konspirologisches Gegenwartsdenken» zeigt: «Es gibt keine mir bekannten greifbaren Belege, dass es sich bei den Bilderberg-Treffen um die postulierte grosse Weltverschwörung handelt.»

Eine neue Version der alten Weltverschwörungstheorien (Juden, Freimaurer, Illuminati) heisst New World Order (NWO). Es ist die Bezeichnung für eine autoritäre, supranationale Weltregierung, die von Eliten und Geheimgesellschaften geschaffen werden soll. Vor allem Autoren aus christlich-fundamentalistischen, rechtsextremen und esoterischen Kreisen vertreten diese These, die ähnliche Elemente aufweist, wie sie auch die globalisierungskritischen Linken verbreiten. Es handle sich um Absichten der US-Regierung, die Freiheitsrechte der Bürger abzuschaffen, wird behauptet. Während die rechtsradikale John Birch Society vor einer kommunistischen Weltordnung gewarnt hatte, wurde nach dem Zusammenbruch der Sowjetunion die eigene Regierung als Feind eruiert und bekämpft. Der einflussreiche amerikanische Radio- und TV-Moderator Alex Jones verbreitet in seinen Sendungen laufend die Verschwörungstheorie über die «Neue Weltordnung». Die Anschläge am 11. September interpretiert er in diesem Zusammenhang, ebenso die Wahl von Barack Obama und die angeblich bewusst provozierte Finanzkrise von 2008.

Damit sind wir bei jener Weltverschwörungstheorie angelangt, die die meisten Stars dieser Szene heute vertreten: nämlich, dass es eine von den USA, der Nato und dem «militärisch-industriellen Komplex» inszenierte Verschwörung gebe, mit der die absolute Weltherrschaft erreicht werden soll. Um dieses Ziel zu erreichen, würden diese Institutionen vor keiner Schandtat zurückschrecken. Zum Beweis verweist man auf historisch belegte Interventionen der USA, etwa den Sturz der Regierung Mossadegh im Iran, die Zwischenfälle im Golf von Tonkin, die gescheiterte Invasion von Kuba in der Schweinebucht, den Irak-Krieg und vieles mehr. Und so landet man bei den Ereignissen von 9/11, bei denen man per Analogieschluss auf die gleiche Vorgehensform und die gleiche Täterschaft schliesst.

Das ist das zentrale Thema der aktuellen Verschwörungstheoretiker-Szene, das detailliert untersucht werden muss.

Wenden wir uns nun einem der Stars dieser Szene zu, der zurzeit sowohl in Deutschland als auch in der Schweiz mit grossem Erfolg unterwegs ist.

Daniele Ganser: «Prüfen Sie, prüfen Sie, glauben Sie nicht blind!»
Foto: Lucian Hunziker

Doktor Daniele Ganser

Es ist jeweils ein Highlight seiner Präsentation. An der Stirnseite des Auditoriums blendet er eine schematische Darstellung des World Trade Centers ein. Mit dem Cursor deutet er auf die drei gut sichtbaren Türme, die mit WTC1, WTC2 und WTC7 bezeichnet sind. «Und wir Historiker haben die Kniffelaufgabe: drei Türme, zwei Flugzeuge. Feuer oder Sprengung – ich kann das für Sie nicht auflösen», erklärt er seinen gebannten Zuhörern achselzuckend. Und dann kommt sein allgemeiner Appell: «Prüfen Sie, prüfen Sie, glauben Sie nicht blind.»

Daniele Ganser hat sich in die unüberschaubar grosse Zahl von Wortmeldungen eingereiht, die die offiziellen Ergebnisse zu 9/11 infrage stellen. Es ist vor allem dieses eine Thema, mit dem er mehrmals pro Woche für vierstellige Honorare in mehreren Ländern durch volle Vortragssäle tingelt. Ausserdem kommuniziert er mit seiner riesigen Gemeinde permanent im Internet, publiziert Analysen und erzielt mit seinen Büchern Bestsellerauflagen. Und so ist er vor allem dank 9/11 – der seit Jahren weltweit am weitesten verbreiteten Verschwörungstheorie – im gesamten deutschsprachigen Raum zu einem echten Star dieser Szene avanciert.

Sein psychologisch raffiniertes Vorgehen legt er bereits in den wenigen oben zitierten Sätzen offen. Erstens bezeichnet er sich immer als «Historiker» mit Doktortitel, um damit seine wissenschaftliche Kompetenz zu unterstreichen. Dabei ist er mit seinen Kenntnissen als Doktor der Geschichte in keiner Weise qualifiziert, die «Kniffelaufgabe» – Sprengung oder Feuer beim WTC7 – zu lösen. Dazu wäre ein völlig anderes Fachwissen notwendig. Mit seiner Ausbildung wäre er bestenfalls in der Lage, die angeblich mysteriösen politischen Hintergründe der Attentate aufzudecken, nicht aber die technischen. Also ist bereits seine präsentierte Prämisse falsch.

In der Präsentation der «Kniffelaufgabe» erwähnt er jeweils, dass zwei gleichwertige Möglichkeiten vorliegen, die er zwar hinterfragt, zu denen er aber nicht konkret Stellung nehmen möchte. Er stelle eben nur Fragen, lässt er seine Zuschauer wissen. Und dann fordert er sie auf, sich zu informieren und sich dann für eine der beiden Varianten zu entscheiden – das heisst entweder für die unglaubwürdige offizielle oder für die von ihm detailliert dargestellte konspirative Version. Gleichzeitig lässt seine Präsentation von 9/11 jedoch keine Zweifel darüber offen, dass er die offizielle Erklärung des Einsturzes von WTC7 für unglaubwürdig hält.

Der Historiker Philipp Sarasin beschreibt dieses Verhalten in einem Essay mit dem Titel «Was ist falsch an Verschwörungstheorien?» so: «Es sind als Frage getarnte Theorien, die nicht widerlegt werden können. Sie müssen nicht unbedingt explizit die Verschwörer benennen – vor allem dann nicht, wenn sie sich nicht gänzlich ins paranoide Reich der Geisterseher verabschieden, sondern gleichsam ‹massenmedientauglich› bleiben wollen.» Gansers Ansatz steht also im Gegensatz zur wissenschaftlichen Methode, bei der man sich nicht mit dem Stellen von beliebigen Fragen begnügen kann, sondern mithilfe von vertiefter Forschung glaubwürdige neue Antworten liefern soll.

Daniele Ganser lehnt den pejorativ benutzten Begriff «Verschwörungstheoretiker» für seine Person vehement ab. Der sei in seinem Fall schlicht diffamierend, erklärt er. Mit dieser Bezeichnung werde er von seinen Gegnern und Neidern in verunglimpfender Weise in eine öffentlich gebrandmarkte Schublade gesteckt, in die er nicht gehöre. Dieses Schubladendenken wird von ihm als «Framing» bezeichnet. Negative Berichterstattung über seine Person und seine Arbeit sei ein solches Framing. Mit diesem Ansatz werde er zu Unrecht in den «VT-Frame» (Verschwörungstheoretiker-Frame) gesteckt, beklagt er sich. Er sei Wissenschaftler. Punkt.

Der renommierte Verschwörungsexperte Michael Butter erklärte im Schweizer Fernsehen: «Ich glaube, dass Daniele Ganser auf jeden Fall Verschwörungstheorien verbreitet. Ich bin mir aber nicht sicher, warum er das tut.» Ja, warum nur? Um dies zu enträtseln, muss man sich der Person Ganser detailliert zuwenden. Erst dann wird man sich eine Meinung darüber bilden können, ob er in ungerechter Weise als Verschwörungstheoretiker «geframt» wird.

In der Einleitung zu seinem aktuellen Buch *Illegale Kriege* erläutert Ganser seine Mission gleich selbst. Sein Vater sei gebürtiger Deutscher, der in der Schweiz lebte und 1943 vom deutschen Generalkonsul in Zürich zum Wehrdienst einberufen wurde. «Mein Vater war damals 21 Jahre jung und wollte nicht an Hitlers Krieg teilnehmen. Diese Entscheidung meines Vaters gegen den Krieg hat mich als Sohn und Historiker bewegt», schreibt er. So teilte sein Vater dem deutschen Generalkonsul schriftlich mit: «Ich kann es heute noch nicht verstehen, dass unser hochchristliches Deutschland jedes Verantwortungsgefühl vor Gott verloren haben sollte.»

Ganser sieht sich also explizit in der Tradition seines Vaters, der sich als damaliger Theologiestudent mit Schweizer Wohnort und als späterer Pfarrer gegen die Teilnahme an einem für Deutschland zunehmend aussichtslosen Krieg entschieden hat, ohne deswegen ernsthafte Konsequenzen befürchten zu müssen.

Der selbsternannte «Friedensforscher» hat sich also mit direktem Bezug auf seinen Vater und dessen damalige Entscheidung zur Nichtteilnahme am Zweiten Weltkrieg in seinen Kampf gestürzt. Dies erläuterte er in einem Interview im Internetportal NachDenkSeiten so: «Friedensforscher und auch Friedensaktivisten, die sich aktiv gegen Gewalt und Kriegspropaganda aussprachen, wurden immer wieder angegriffen. Hans und Sophie Scholl von der Friedensbewegung Weisse Rose wurden enthauptet ... Jemand, der auch in der Friedensforschung aktiv ist, hat mir kürzlich gesagt: ‹Weisst Du, sie können uns gar nicht mehr alle umbringen, wir sind zu viele.›»

Dieser Vergleich mit zwei der wichtigsten Symbolgestalten des zivilen Widerstands gegen das Nazi-Regime ist völlig unangemessen. Schon während seiner Tätigkeit bei Avenir Suisse präsentierte sich Ganser seinen Kollegen mit Verschwörungstheorien, die auf einem virulenten Verfolgungswahn hinwiesen, weshalb man ihn bald entliess. Für Ganser ist der amerikanische Geheimdienst CIA die kongeniale Nachfolgeorganisation der Gestapo. Deshalb wähnt er sich heute, gleich wie die damaligen heldenhaften Gegner des Nazi-Regimes, im Epizentrum eines heiligen Krieges zur Verteidigung der Menschlichkeit, in dem er als opferbereiter Märtyrer – gleich wie die Geschwister Scholl – sein Leben einzusetzen bereit ist. Dies beteuert er mit einer durch nichts zu übertreffenden Dramatik und Realitätsfremde, um so seine Mission ins Unermessliche und Mystische zu überhöhen. Und dies ist wohl die Antwort auf die Frage von Michael Butter, weshalb sich Ganser so verhält, wie er sich verhält.

Geboren 1972 im friedlichen Lugano, fand Daniele Ganser bereits in jungen Jahren sein Feindbild, gegen das er seinen bedingungslosen Widerstand zu leisten bereit ist: Er identifizierte die Nato und die dieses Militärbündnis dominierenden USA als das «Böse» schlechthin. Deshalb verschrieb er sich mit Haut und Haaren einem militanten Antiamerikanismus.

In Basel besuchte Daniele Ganser während zwölf Jahren die Rudolf-Steiner-Schule und tauchte dort in die Welt der Anthroposophie ein, eine Weltanschauung, die auf spirituelle, esoterische und übersinnliche Elemente aufbaut. Nach dem Gymnasium nahm er das Studium an der Philosophisch-Historischen Fakultät der Universität Basel auf. Er schrieb eine Lizentiatsarbeit über die Kuba-Krise und widmete sich dort in ausführlicher Form der üblen Rolle der USA. Auch bei seiner Dissertation, die er 2001 bei Professor Georg Kreis einreichte, blieb er bei seinem grossen Thema. Diesmal beschrieb er die italienische Geheimoperation Gladio, bei der er die Nato als Drahtzieherin enttarnte.

Seine Doktorarbeit wurde zuerst auf Englisch, dann in sieben weiteren Sprachen und schliesslich auch auf Deutsch veröffentlicht, wo sie aktuell bereits in der 13. Auflage vorliegt. In ihr schildert Ganser die in Italien zwischen 1960 und 1980 politisch motivierten Terroranschläge, die von einem Netzwerk von Neofaschisten unter dem Namen Gladio ausgeführt wurden. Durch gezielte Irreführungen machte man dafür aber linksextreme Terroristen verantwortlich, vor allem die damals sehr aktiven Roten Brigaden. Involviert waren bei Gladio italienische Beamte, die mit dem amerikanischen Geheimdienst und der Nato in Verbindung standen, schreibt Ganser. Dies wurde in einem italienischen Untersuchungsbericht im Jahr 1990 festgehalten. Die Ergebnisse wurden später jedoch mehrfach infrage gestellt.

Ein zentrales Beweisstück für Daniele Gansers Hauptthese der Nato-Beteiligung bei diesen «Operationen unter falscher Flagge» war ein Dokument: das «United States Army Field Manual 30-31B», auch bekannt als «Westmoreland Field Manual», weil es angeblich von General William Westmoreland unterschrieben war. Dieses wurde jedoch vom Aussenministerium der USA und einer Untersuchungskommission des US-Repräsentantenhauses als sowjetische Fälschung bezeichnet. Dies habe ein KGB-Überläufer bereits bei einer Kongressanhörung 1982 bestätigt. Ganser hingegen erwähnt als Beleg für die Echtheit des Dokuments unter anderem Äusserungen von Licio Gelli, dem Ex-Chef der italienischen P2-Geheimloge, die im Zentrum des grössten Skandals der italienischen Nachkriegsgeschichte stand. Gelli hat gegenüber einem Reporter der BBC tatsächlich erklärt: «Der CIA gab mir das Dokument.»

Philip H. J. Davies vom Brunel Centre for Intelligence and Security Studies ist der Überzeugung, dass Gansers Buch «durchsetzt ist von erfundenen Verschwörungen, übertriebenen Beschreibungen des Ausmasses und der Wirkung von geheimen Aktionen, einem fehlenden Verständnis des Managements und der Koordination von Operationen innerhalb und zwischen nationalen Regierungen und ... einem beinahe vollständigen Versagen, Aktionen und Entscheidungen in einen richtigen historischen Kontext zu stellen.» Davies schliesst in seinem Paper «Review of Nato's Secret Armies» im *Journal of Strategic Studies*: «Das grundsätzliche Problem besteht darin, dass es Ganser versäumt hat, selbst die einfachsten der notwendigen Untersuchungen vorzunehmen, aufgrund denen man in effektiver Weise die geheimen Aktionen und Spezialoperationen diskutieren könnte.»

Peer Henrik Hansen, Professor an der Universität Roskilde, schrieb in zwei vernichtenden Kritiken über Gansers Dissertation, dass es sich um ein «journalistisches Buch mit einer Portion Verschwörungstheorien handelt», in dem er sich bei seiner «Behauptung einer grossen Verschwörung» auf ein «gefälschtes Dokument» stütze. «Ganser kann seine These, dass CIA, MI6 und die Nato und deren Freunde Gladio in eine terroristische Organisation verwandelten, nicht dokumentieren.»

Noch härter geht der ehemalige NSA-Mitarbeiter John Schindler mit Ganser ins Gericht, der heute mit seinen häufigen Twitter-Kommentaren vor allem in konservativen Kreisen der USA sehr viel Beachtung erhält. Er publizierte 2014 unter dem Titel «Diamonds (and Disinformation) Are Forever» Folgendes: «Seit Jahren gibt es reichlich Literatur über die KGB-Desinformationskampagnen (‹dezinformatsiya›) während des Kalten Kriegs, auch über Fälschungen wie das F[ield] M[anual] 30-31B.» Eine grosse Sammlung von Notizen über diese Desinformationsoperationen wurde von einem KGB-Archivisten nach Grossbritannien gebracht und unter dem Namen «Mitrokhin Archive» veröffentlicht. Schindler schreibt weiter: «Entweder hat sich Ganser nicht bemüht, diese Werke zu lesen und zu verstehen, was ihn zum am schlechtesten informierten Historiker in der Geschichte der Historiker machen würde. Oder dann hat er einfach Beweise ignoriert, die seinen Thesen widersprachen, für die er aber keine primären Quellen für einen Gegenbeweis hatte. Dies hat natürlich seinen Enthusiasmus für seine vorgelegten Gladio-Thesen – und damit auch für alle anderen, die diese Mythen für wahr halten wollen – in keiner Weise vermindert.»

Das heisst, dass die negativen Kritiken von Fachleuten an seiner einzigen relevanten akademischen Arbeit aussergewöhnlich heftig ausfielen. Dabei führt er seine Dissertation bei jeder Gelegenheit als einzigen Beweis für seine Kompetenz als Historiker und Wissenschaftler an. Berufene Kritiker erkannten bei seiner Doktorarbeit aber eine durch verschwörungstheoretische Verblendungen ausgelöste Einseitigkeit und Schludrigkeit, die im akademischen Bereich generell verpönt ist.

Ganser trat 2001 eine Stelle bei der Denkfabrik Avenir Suisse in Zürich an. Zwei Jahre später entliess man ihn, weil er bei seinen Vorgesetzten mit wilden Verschwörungstheorien für Aufsehen gesorgt hatte und weil man das Prestige und die Glaubwürdigkeit des Think-Tanks nicht schädigen wollte.

Anschliessend war er kurzzeitig an der ETH Zürich tätig. Sein damaliger Chef Kurt Spillmann, der renommierte Professor für Sicherheitspolitik und Konfliktforschung, bezeichnet Ganser zwar als intelligenten Mitarbeiter. «Aber ich konnte nicht akzeptieren, dass jemand, der wissenschaftlich in meinem Institut arbeitete, solch unsinnige Verschwörungstheorien verbreitet.» Über seine späteren Aktivitäten urteilt er hart: «Für mich ist er ein Verführer und Geschäftemacher, der mit seinen Vorträgen Säle füllt. Mit seriöser Forschung hat dies nichts zu tun.» Die Entlassung von der ETH sei aufgrund einer direkten Intervention der amerikanischen Botschafterin in Bern erfolgt, erklärte Ganser dieses Scheitern im akademischen Bereich, ohne dafür aber konkrete Beweise liefern zu können.

2006 veröffentlichte Ganser im Zürcher *Tages-Anzeiger* einen ganzseitigen Artikel zu den Anschlägen vom 9. September 2011, mit dem er sich beim seit Jahren meistdiskutierten Thema der Verschwörungstheoretiker einbrachte. «Die Version der Bush-Administration blind zu übernehmen, würde den grundlegenden Prinzipien der Wahrheitssuche widersprechen», lieferte er als Erklärung. «Wir brauchen eine offene, sachliche, wissenschaftliche Debatte über alle offenen Fragen zu 9/11.» Damit waren für ihn die Rollen klar verteilt: Auf der einen Seite standen jene, die «blind» die offizielle Version übernahmen, auf der anderen Seite die «Wachen», die eine «wissenschaftliche Debatte» forderten.

Antonio Loprieno, langjähriger Rektor der Uni Basel, der Gansers akademische Aktivitäten während vieler Jahre aus nächster Nähe beobachtet hat, erklärte in einem Interview in der *Nordwestschweiz:* «Die Auseinandersetzung mit kontroversen Themen sollte meines Erachtens stets – zumal in unserer Zeit der gefährlichen Toleranz gegenüber dem ‹Postfaktischen› – im Geiste der Aufklärung erfolgen. Diesen Geist vermag ich in Dr. Gansers Thesen nicht zu erkennen.»

Mit diesen Aktivitäten entfernte sich Ganser von der akademischen Welt. Trotzdem verfolgte er weiterhin das Ziel einer wissenschaftlichen Karriere, die er mit dem Professorentitel krönen wollte. Doch 2010 wurde seine Habilitationsschrift zum Thema Peak Oil von einem Professorenkollegium zurückgewiesen, dem auch sein Doktorvater und akademischer Mentor, Professor Georg Kreis, angehörte, weil sie offenbar den Kriterien für eine Habilitation nicht genügte. Die Arbeit wurde gemäss Aussagen von Fachpersonen als eine weitgehend populärwissenschaftliche Darstellung beurteilt, die sich zudem auf eine Verschwörungstheorie stützte, die inzwischen vollständig diskreditiert ist. Seine abgelehnte Habilitation veröffentlichte er 2013 unter dem Titel *Europa im Erdölrausch: Die Folgen einer gefährlichen Abhängigkeit.*

Sein Doktorvater Georg Kreis ist aufgrund von Gansers beruflichem Werdegang zunehmend besorgt, und dies nicht nur wegen dessen Faszination für die alternativen Thesen zu 9/11: «Er wirkte auf mich von der Idee besessen, Geheimaktivitäten aufdecken zu müssen, und nutzt wenig geklärte Vorkommnisse wie das Attentat auf *Charlie Hebdo,* um suggestiv bestimmte Vermutungen in die Welt zu setzen, und dafür hat er offenbar einen einfachen Schlüssel: die CIA», ist sein kritisches Fazit. Dass er das Vorwort zur deutschen Ausgabe von Gansers Dissertation geschrieben hat, scheint Professor Kreis extrem peinlich zu sein. «Zu meiner Rechtfertigung muss ich sagen, dass bei der Abnahme der Dissertation das Werk an sich und nicht die weitere Entwicklung des Doktoranden und die zu Beginn weit weniger offensichtliche Neigung massgebend war», erklärt er desillusioniert.

Und damit stellt auch Georg Kreis neben vielen anderen Fachleuten Gansers nie fehlendes Qualitätsargument – seine herausragende akademisch bestätigte Fachkompetenz – grundsätzlich infrage. So löst sich Gansers wichtigstes Pfund, mit dem er bei seinen Anhängern permanent wuchert, weitgehend in Luft auf.

Auch Gansers heutiges Auftreten ist für Georg Kreis nicht mehr akzeptabel. Als Ganser wie bereits erwähnt den *Arena*-Moderator Jonas Projer vor laufender Kamera mit der Aussage abwerten wollte: «Meine Doktorarbeit ist über inszenierten Terrorismus im Kalten Krieg und Operation Gladio. Worüber ist Ihre Doktorarbeit?», wurde er von seinem Doktorvater in einem später geführten Telefonat gerügt: Er dürfe in einer sachbezogenen Debatte nicht seinen Doktortitel als Argument einsetzen. Er sei eben provoziert worden, versuchte sich Ganser herauszureden, obwohl die Bemerkung ganz am Anfang der Sendung fiel.

Dabei setzte Ganser bei seiner Attacke auf den TV-Moderator nur eine jener Taktiken ein, die bei allen Verschwörungstheoretikern beliebt ist, nämlich, dass man gleich von Beginn weg versucht, Kritiker mit persönlichen Angriffen zu desavouieren. Indem man sie öffentlich als naiv oder gar als Mitwisser der Gegenseite verunglimpft, sollen sie vor den Augen des Publikums unter Druck gesetzt und damit disqualifiziert werden.

Die Ablehnung seiner Habilitation, hinter der Ganser vor allem politische Gründe vermutete, erschütterte ihn in den Grundfesten. Von da an entfernte er sich weitgehend aus der akademischen Welt und gründete in Basel das von ihm grandios benannte Siper (Swiss Institute for Peace and Energy Research AG), eine Aktiengesellschaft, die sich praktisch allein mit der Vermarktung seiner Vorträge, Bücher und Interviews beschäftigt. Trotz bombastisch klingendem Namen handelt es sich um eine Kleinstfirma, bei der auf der Homepage neben Ganser nur ein diplomierter Geologe, ein Buchhalter und ein pensionierter Manager aus der Energiebranche als «Senior Advisor» aufgeführt sind. Seit 2012 hat Ganser zusätzlich einen Lehrauftrag an der Universität St. Gallen, wo er jeweils im Herbstsemester als Teil der Vorlesung «Geschichte und Zukunft von Energiesystemen» als letztes verbliebenes akademisches Feigenblatt über erneuerbare Energien – aber nicht über sein Hauptthema 9/11 – referieren darf. Diese periphere Tätigkeit führt er neben seinem nie fehlenden Doktortitel explizit auf seiner Homepage auf, um sich so seine wissenschaftliche Glaubwürdigkeit zu sichern. Diese akademische Tätigkeit geriet in jüngster Zeit in eine heftige öffentliche Kritik, doch die Leitung der Universität St. Gallen distanzierte sich bisher trotz mehrerer öffentlicher Aufforderungen (noch) nicht von Ganser.

In seiner abgelehnten Habilitationsarbeit widmete sich Ganser der jahrzehntealten These von Peak Oil, gemäss der die Förderung von Öl in naher Zukunft einen Höhepunkt erreichen werde, um danach stark abzufallen, was zu gewaltigen politischen Verwerfungen in Form von Ressourcenkriegen führen müsse. Der Zeitpunkt des Eintreffens dieses Ereignisses wurde mehrfach nach hinten geschoben und von den Vertretern dieser Theorie schliesslich auf das Jahr 2006 festgelegt. Doch die Ereignisse – unter anderem gewaltige neue Ölfunde, zusätzliche Fördermethoden und das Aufkommen der erneuerbaren Energien – widerlegten und diskreditierten diesen Ansatz. Auch die durch die Verknappung prognostizierte laufende Erhöhung des Ölpreises erwies sich als falsch, weil dieser starken Schwankungen unterworfen und in den letzten Jahren sogar massiv gesunken ist. Ganser engagierte sich bei diesem Thema während Jahren zusätzlich als Präsident der Schweizer Abteilung der Association for the Study of Peak Oil and Gas (ASPO), zog sich dort aber 2012 zurück.

In ihrem Kern basiert Peak Oil auch auf dem verschwörungstheoretischen Ansatz, dass sich die USA wegen der zu erwartenden Verknappung des Öls die Verfügungsgewalt über die wichtigsten weltweiten Quellen sichern wollen. So bezeichnet Ganser den Irakkrieg von 2003 als «klassischen Ressourcenkrieg», obwohl sich die USA trotz enormer Verluste an Personal, des Einsatzes von Hunderten Milliarden finanzieller Mittel und eines totalen militärischen Sieges nicht in den Besitz der irakischen Ölquellen gebracht haben, was Donald Trump später mehrfach bedauerte («We should have taken the oil»). Auch der militärische Einsatz gegen Gaddafi in Libyen endete nicht damit, dass sich die Amerikaner oder die Europäer die Verfügungsgewalt über die dortigen riesigen Ölquellen sicherten. Hingegen wurde die amerikanische Energieproduktion in den letzten zehn Jahren durch die neuen Fracking-Methoden und durch die verstärkte Nutzung von erneuerbaren Energien massiv ausgebaut, sodass die USA heute eine früher kaum vorstellbare autarke Energieversorgung erreicht haben. Und das ist noch nicht alles. Sie sind bereits heute der drittgrösste Ölproduzent der Welt, und die Ölexporte sollen sich von

2017 bis 2020 auf über 2 Milliarden Fass verdreifachen. Statt Peak Oil ist also das genaue Gegenteil eingetreten – eine immer grössere Ölschwemme und ein dramatischer Preiszerfall bei dieser Energieform.

Gansers monokausale Erklärung für das imperialistische Verhalten der USA, das er vor allem mit der Sicherung der Ölversorgung begründet, hält also einer kritischen Analyse nicht stand. Ebenso wenig tut es auch seine These, dass die Anschläge von 9/11 von der US-Regierung inszeniert wurden, um auf dieser Basis ihre Erdölkriege zu legitimieren. Ganser behauptet nämlich, dass die USA mit ihren militärischen Interventionen in Irak und Afghanistan im Kern gar nicht auf die Beseitigung des Terrors zielen, «sondern auf die Eroberung und Sicherung von Erdöl, Erdgas, Geld und Macht». Deshalb sei es ein «Kampf um Rohstoffe und die globale Vorherrschaft», erklärt er in seinen Vorträgen und in einem Interview auf der Onlineplattform Infosperber im Jahr 2016.

Daniele Gansers neues Buch *Illegale Kriege* liefert bereits im Untertitel die Antwort auf die Frage nach dem Bösen in der Welt. Er lautet: «Wie die NATO-Länder die UNO sabotieren.» Um Gansers aktuelle Argumentation als Verschwörungstheoretiker richtig verstehen zu können, muss man auf die wichtigsten Thesen in diesem Buch eingehen.

Der von ihm gewählte Ansatz ist auf erschreckende Weise eindimensional: Kriege, die mit der Zustimmung der Uno geführt werden, seien legal, erklärt er, alle anderen hingegen illegal. Diese These unterminiert er zwar umgehend mit seiner heftigen Kritik am Sicherheitsrat, dem Entscheidungsgremium der Uno mit seinen fünf ständigen Mitgliedern USA, Russland, China, Frankreich und Grossbritannien, die je ein Vetorecht haben. «Sie schützen sich gegenseitig und nutzen alle anderen aus. Man sollte es den Terrorrat und nicht den Sicherheitsrat nennen», befindet er. Erstens ist diese Behauptung falsch, denn nur allzu oft nutzt ein einziger dieser fünf Staaten sein

Vetorecht gegen die Entscheide der anderen vier, um eine nicht erwünschte Resolution zu verhindern. Und zweitens überhöht Ganser die moralische und tatsächliche Macht der Uno bei der Lösung von internationalen Konflikten, um diese Institution im gleichen Atemzug abzuwerten.

In seinem Buch führt Ganser eine grosse Zahl von «illegalen Kriegen» auf. Er tut dies mittels Informationen, die in ihrer überwiegenden Mehrheit seit Jahrzehnten öffentlich verfügbar sind. Angefangen von der Intervention der USA beim Sturz der Regierung Mossadegh in Iran im Jahr 1953 über ähnliche Eingriffe in Guatemala, Kuba und Nicaragua bis zu den Kriegen in Vietnam, Irak und Syrien dokumentiert er dies mit vielen, zum Teil aber auch fragwürdigen Quellen aus «Alternativmedien». Auf diese Weise beschreibt er die für ihn ausnahmslos verabscheuungswürdigen Handlungen der USA und ihrer Nato-Partner, und dies sowohl bei offenen als auch bei sogenannten verdeckten Operationen («false flag operations»). Er zitiert als besonders glaubwürdigen Experten den von ihm verehrten deutschen Psychologen (!) Rainer Mausfeld, der in einem beinahe 500 000 Mal bei Youtube heruntergeladenen Vortrag im Jahr 2015 erklärt hat, dass die USA seit dem Ende des Zweiten Weltkriegs für den Tod von 20 bis 30 Millionen Menschen verantwortlich seien. Ganser übernimmt diese Behauptung unbesehen, da sie «zu Recht» erfolgt sei, wie er in seinem Buch betont. Gleichzeitig beklagt er aufs Heftigste, dass diese Tatsachen «in den NATO-Ländern wenig reflektiert werden». Dabei stützt sich Mausfeld bei seiner Beweisführung auf verschiedene, teilweise undurchsichtige Quellen für eine Vielzahl von Kriegen und Interventionen und mischt dabei militärische und zivile Opfer wild durcheinander.

Aus den von Mausfeld genannten Gründen verwende er die Bezeichnung «Imperium USA», erklärt Ganser weiter. «In den Massenmedien in Deutschland, Österreich und der Schweiz wird diese Bezeichnung vermieden, weil ansonsten Spannungen mit den USA entstehen können, was wiederum zu wirtschaftlichen Nachteilen führen kann.» Weil also die deutschsprachigen «Massenmedien» einen von ihm frei gewählten Begriff nicht benutzen, bezichtigt er sie pauschal der wirtschaftlich begründeten Konspiration mit den USA.

Seine klare These gerät zwischenzeitlich heftig ins Wanken, etwa wenn er die Besetzung von Ungarn durch sowjetische Truppen im Jahr 1956 beschreibt. Noch akrobatischer wird seine Argumentation bei der Besetzung der Krim durch Russland im Jahr 2014. «Da die russischen Soldaten nicht über ein Mandat des Uno-Sicherheitsrates verfügten, war die militärische Intervention der Krim illegal. Dieser illegalen russischen Intervention war jedoch ein illegaler amerikanischer Putsch in Kiew vorausgegangen, für den auch kein Mandat des UNO-Sicherheitsrates vorlag.» Damit kann er auch hier die USA als Verursacher und damit als Hauptschuldigen bezeichnen. Auf diese Weise übernimmt Ganser – wie immer – die russische These der Vorgänge rund um den Maidan in Kiew. Aber gefangen in einem wasserdichten Verschwörungskonzept müssen selbst waghalsigste Konstruktionen herangezogen werden. Und deshalb kommt er zu folgendem Schluss: «Auf der Basis der verfügbaren Daten bin ich der Ansicht, dass die Abspaltung der Krim als Sezession bezeichnet werden muss und dass der Begriff Annexion falsch ist und nur dazu dient, die Spannungen mit Russland zu schüren.»

Diese Meinung vertritt er, obwohl getarnte russische Truppen ohne militärische Abzeichen die Krim besetzten, was Putin zuerst bestritt, später jedoch bestätigte. Erst nach der russischen Militärbesetzung der Krim wurde ein Referendum unter Aufsicht der Russen durchgeführt, was diesen Vorgang zur Farce degradierte. Trotzdem behauptet Ganser, der bei jeder Gelegenheit seine Kompetenz als Forscher betont, dass es sich um eine «Sezession», also um eine rechtmässige Abspaltung handelt. Damit schützt er seine Grundthese, in der die Rollen der Guten und Bösen klar verteilt sind. Dies tut Ganser entgegen allen vorliegenden Fakten mit der zusätzlichen Erklärung, dass der Vorwurf der Annexion «nur dazu dient, die Spannungen mit Russland zu schüren». Mit dieser durch nichts belegten Behauptung und der gleichzeitigen Exkulpation von Putin verabschiedet er sich aus dem Kreis seriöser Historiker. So hat die internationale Gemeinschaft die Annexion der Krim durch Russland im Rahmen der Uno-Vollversammlung als eine besonders krasse Verletzung des Völkerrechts bezeichnet, während Russland im Sicherheitsrat natürlich das Veto gegen die eigene Verurteilung einlegte.

Noch fragwürdiger wird Gansers Position im Syrien-Krieg. Dort kritisiert er mit Hinweis auf eine angebliche geheime, Jahre zuvor beschlossene Verschwörung der Bilderberger, dass Frankreich, Grossbritannien und die USA ohne Zustimmung des Sicherheitsrates beschlossen hätten, einen Angriff auf Syrien zu lancieren. Nach seiner Definition ist dies ein weiterer «illegaler Krieg». Dieser steht in seiner Analyse im Gegensatz zur Militäraktion der Russen. Seine Begründung: «Weil die reguläre Regierung von Syrien die russischen Kampfflieger eingeladen hatte, lag kein Bruch der UNO-Charta vor.» In Vorträgen bestätigt er diese «Forschungsresultate», dass die Russen «auf Gesuch der gewählten syrischen Regierung» eingegriffen haben, und dies «ist gemäss Völkerrecht legitim».

Auch in diesem Konflikt sei es – wie gehabt – um Rohstoffe gegangen, erklärt er. Dass Syrien im Gegensatz zum Irak gar keine nennenswerten Rohstoffquellen hat, ist für ihn ein vernachlässigbares Malheur. Er verweist einfach auf eine geplante Pipeline für Erdgas von Katar über Syrien in die Türkei, die Assad habe verhindern wollen. Deshalb habe Katar nicht nur Geld, sondern sogar Söldner nach Syrien geschickt (was nicht bestätigt ist), und darum handle es sich gemäss seinen «Forschungen» gar nicht um einen Bürgerkrieg, wie westliche Medien seit Jahren fälschlicherweise behaupten würden, sondern auch hier sei ein Krieg um Öl im Gange. Dass es aber vor allem Assad ist, der sich auf Söldner stützt, nämlich am Boden vor allem auf grosse Kontingente iranischer Truppen und auf die schiitische Terrormiliz Hisbollah, unterschlägt Ganser eiskalt. Und den Einsatz russischer Bomberpiloten gegen die syrischen Städte rechtfertigt er mit dem Hinweis, dass die Amerikaner zuerst Bomben auf Syrien geworfen hätten, ohne darauf hinzuweisen, dass dies nicht gegen Assad, sondern allein im Kampf gegen die Terrormiliz Islamischer Staat (IS) geschah und damit kein direktes Eingreifen in den syrischen Bürgerkrieg war, wie es umgekehrt die Russen handhaben. Deshalb fällt bei Ganser folgerichtig auch unter den Tisch, dass nach den grossen Giftgasangriffen im Jahr 2013 nicht das Eingreifen, sondern das Nichtangreifen der Amerikaner für den weiteren Kriegsverlauf entscheidend war. Obama hatte einen solchen Giftgasangriff als das Überschreiten einer «roten Linie» bezeichnet, war dann aber zurückgezuckt und schaltete sich anders als die Russen militärisch nicht wie angedroht ein.

Bei der Frage der Urheberschaft des wiederholten Einsatzes von Giftgas gegen die syrische Zivilbevölkerung lässt Ganser gemäss seiner unverrückbaren Überzeugung nur jene Argumente gelten, die eine Schuld von Assad bestreiten und diese schändlichen Angriffe der Opposition zuschreiben. Dies macht er entgegen den Beweisen, die bei der Uno bereits 2013 vorgebracht wurden. Damit stimmt er in den Chor vieler Verschwörungsplattformen aus mehreren Ländern ein, auf denen diese These auf Teufel komm raus vertreten wird. Wie immer lässt Ganser auch bei diesem Thema seine übliche Analogieschluss-Leier mit den ewig gleichen Beispielen erklingen – vom Golf von Tonkin bis hin zum Irak-Krieg –, um auf diese Weise der Nato auch hier die Schuld zuzuschieben. Beweise für das Gegenteil habe es auch in offiziellen Berichten nicht gegeben, erwähnt er in einem Artikel auf der Website von Rubikon, einem neuen Internetportal mit

Verschwörungstheoretiker-Groove. Dazu erklären Reinbold, Reuter und Sydow im *Spiegel* vom April 2017: «Alle überprüfbaren Aspekte ergaben schon damals einen klaren Verantwortlichen: das syrische Militär. Dass die Organisation für das Verbot chemischer Waffen (OPCW) dies in ihrem Abschlussbericht nicht ausdrücklich schrieb, lag daran, dass Moskau und Damaskus der Inspektion durch UNO und OPCW überhaupt nur unter der Bedingung zugestimmt hatten, dass kein Schuldiger benannt wird.» Doch im September 2017 haben UN-Ermittler in ihrem Bericht Assad offiziell für die Giftgasangriffe im April 2017 in der Ortschaft Chan Scheichun verantwortlich gemacht, bei dem 80 Menschen nach dem Abwurf von Sarin getötet wurden. «Das stellt ein Kriegsverbrechen dar», urteilt die Kommission. Es handle sich um «wahllose Angriffe auf Gegenden mit Zivilbevölkerung».

Und damit demaskiert sich der «Friedensforscher» Ganser bis zur Kenntlichkeit als Propagandist Moskaus. Er gebärdet sich nach den von ihm verharmlosten militärischen russischen Aktivitäten auf der Krim, in der Ostukraine und in Syrien als eigentliche Kriegsgurgel. Seine Definition der «illegalen Kriege» erweist sich beim Syrien-Krieg in besonders krasser Weise als untauglich. Eine Regierung, die die eigene Bevölkerung massakriert, Hunderttausende von Mitbürgern tötet, Millionen vertreibt und selbst vor dem Einsatz von Giftgas nicht zurückschreckt, führt gemäss Gansers Diktion also einen «legalen Krieg», wenn entsprechende Resolutionen im Sicherheitsrat von einem Mitglied und Hauptakteur mit Vetos verhindert werden – was in diesem Fall mehrfach geschehen ist. Noch grotesker wird diese Analyse, wenn dieses ständige Mitglied des Sicherheitsrats auf «Einladung» des Diktators direkt militärisch in diesen Konflikt eingreift, wie Ganser erklärt.

Daniele Ganser erteilt mit seiner Schlussfolgerung also dem Luftterror der Russen gegen die syrische Zivilbevölkerung sowohl den juristischen als auch den moralischen Segen. Zur Erinnerung: Russland führte zusammen mit Assads Luftwaffe in Aleppo und in anderen syrischen Städten einen erbarmungslosen Vernichtungskrieg gegen die Aufständischen. Dabei wurden Spitäler und Schulen gezielt zerbombt und ganze Stadtteile mit Fassbomben dem Erdboden gleichgemacht, um die umkämpften Gebiete später erobern zu können. Darüber verliert Ganser kein Wort der Kritik. Denn es war ja nicht seine Nemesis, die Nato, sondern es waren die Russen mit ihren Kampffliegern, die auf die höfliche Einladung eines brutalen Diktators bombten. Und damit ging nach Meinung des «Friedensforschers» alles rechtens vonstatten. Ganser verteidigt mit heiligem Zorn eben die Feinde der Nato und der USA und stellt sich damit automatisch und reflexartig auf die Seite Putins und Assads, und zwar auch nach den Giftangriffen im Februar 2017. Diese Haltung ist die Grundlage für eine Verschwörungstheorie in Form von krudem Agitprop und damit das Gegenteil eines seriösen wissenschaftlichen Ansatzes.

Wer diesen Thesen nicht folgt, den sieht Ganser umgehend im gegnerischen Lager, gleich wie es auch andere Verschwörungstheoretiker mit ihren Gegnern halten. So schreibt er im Vorwort seines Buches: «Wenn man sich mit der NATO auseinandersetzt und illegale Kriege in Büchern und Vorträgen kritisiert, macht man sich nicht nur Freunde. Die Kriegstreiber sind mächtig und einflussreich.» Das heisst, alle, die nicht auf seiner Seite stehen, stecken automatisch mit den zu verabscheuenden Kriegstreibern unter einer Decke.

Seine Haltung schlägt sich auch in einer Diktion nieder, die extrem martialisch ist. So verwendet er immer wieder Ausdrücke wie Informationskrieg, Gewaltspirale und Kriegspropaganda.

Die *Frankfurter Allgemeine Zeitung* geht in ihrer Kritik mit Gansers Buch ins Gericht. So heisst es dort: «Ganser arbeitet gern mit Provokationen.» Das Buch wird mit seinen Schlussfolgerungen «zu einem wenig überzeugenden Politthriller mit viel Verschwörungstheorie».

Ganser selbst unterscheidet zwischen seriösen und unfairen Kritiken. Im konkreten Beispiel sieht das so aus. Die *WOZ*, die linke Schweizer Wochenzeitung, urteilte in einem längeren Porträt über Daniele Ganser: «Der umstrittene Historiker Daniele Ganser hat mit seinem neuen Buch ‹Illegale Kriege› erneut einen Bestseller geliefert. Dass er darin rechten VerschwörungstheoretikerInnen eine Plattform gibt, schadet den Verkäufen offensichtlich nicht.» Diese Darstellung verurteilt Ganser im Internetportal NachDenkSeiten: «Beim Leser bleibt ein ungutes Gefühl zurück. Und das ist auch das Ziel des *WOZ*-Journalisten. Ganz anders die positive Besprechung meines Buches in der Zeitung *Neues Deutschland*. Die vermeiden den VT-Frame und bringen diesen Titel: ‹Die Kriege der Mächtigen› und im Lead: ‹Daniele Ganser enthüllt, wie die USA und die Nato die UNO sabotieren, Unfrieden und Unsicherheit stiften.›»

Wer ihm also unkritisch applaudiert, wird gelobt, wer Vorbehalte äussert, wird disqualifiziert. In dieser binären Form werden Medien von Ganser und seiner Truppe generell bewertet. Bei der von ihm zitierten Zeitung *Neues Deutschland* handelt es sich im Übrigen um das ehemalige Zentralorgan der SED in der DDR, das seit der Wende von kommunistischen Nachfolgeorganisationen herausgegeben wird. Die verkaufte Auflage ist seit 1998 um mehr als die Hälfte auf nunmehr mickrige 27 000 Exemplare weggebrochen. Das Blatt ist also weder in Sachen Glaubwürdigkeit noch Bedeutung eine optimale Quelle, um als Beispiel für fairen Journalismus zu dienen.

«Prüfen Sie, prüfen Sie, glauben Sie nicht blind», ruft Ganser den Zuhörern seiner Vorträge immer wieder zu, denen er die Version seiner Geschichten jeweils in einem fulminanten, mit rhetorischem Wortschwall und vielen Pointen, Anekdoten, Bilddokumenten und Daten angereicherten Potpourri präsentiert. Aber in diesem Umfeld kann von den hingerissenen, an seinen Lippen hängenden Zuhörern gar nichts geprüft werden. Deshalb gelingt es dem «Friedensforscher» jeweils mit Leichtigkeit, Geschichtsklittereien der übleren Sorte abzuliefern. Wobei Ganser übrigens gemäss seiner Homepage weder ein Studium noch einen Abschluss bei einem der anerkannten Institute für Friedensforschung vorweisen kann.

Mit seinem ausführlichen geschichtlichen Abriss der «illegalen Kriege», der «Operationen unter falscher Flagge» und der weiteren sinistren Aktivitäten der Nato und der USA legt Ganser die Grundlage für seine langjährige zentrale Beschäftigung mit den Hintergründen der Attentate von 9/11, die gemäss seinen Analysen und angeblichen «Forschungsergebnissen» eine kongeniale Fortsetzung der früheren Verschwörungen durch die USA sein sollen. Per Analogieschluss wird von ihm insinuiert, dass es sich am 11. September 2001 um eine weitere, von ihm vielfach nachgewiesene Aktion des «militärisch-industriellen Komplexes» gehandelt habe.

Dabei unterschlägt Ganser einen gewichtigen Unterschied zwischen 9/11 und den in seinem Buch aufgeführten «illegalen» Kriegen. Er kann sich bei seinen Darstellungen früherer Ereignisse auf einen Fundus von öffentlich zugänglichen Informationen stützen, wobei er sich zur Steigerung der Dramatik zusätzlich auch auf fragwürdige Quellen bezieht. Ganz anders präsentiert sich die Ausgangslage bei 9/11. Zwar lassen die dazu publizierten Untersuchungsberichte einige Fragen offen, auf die sich die Kritiker vor allem berufen. Aber es gibt nicht einen einzigen handfesten Beweis einer Verschwörung durch die USA, kein einziges Mail, keine einzige glaubwürdige Aussage einer Person, die an dieser angeblichen Verschwörung beteiligt gewesen sein will. Wegen der Komplexität, die eine inneramerikanische Planung und Ausführung der Anschläge von 9/11 verlangt hätte, müsste es sich um eine Verschwörung von riesigem Ausmass gehandelt haben. Die Erfahrungen der letzten Jahre mit Wikileaks, den Enthüllungen von Edward Snowden und den permanenten Hackerangriffen von staatlichen und nichtstaatlichen Stellen in vielen Bereichen belegen, dass es heute kaum mehr möglich wäre, Geheimnisse dieser Bedeutung auf längere Zeit bewahren zu können, bei denen eine Vielzahl von Personen involviert sein müsste. Dies hindert allerdings die Gemeinde der Verschwörungstheoretiker nicht daran, sich seit Jahren auf diesen einen Prachtbraten zu stürzen. Und natürlich ist Daniele Ganser ganz vorne mit dabei.

Wer das infrage stellt, wird verunglimpft. In den Social Media bezeichnete Ganser meinen Hinweis in der Sendung *Arena*, dass der Fall 9/11 aufgrund langjähriger wissenschaftlicher Untersuchungen definitiv gelöst sei, als «Frechheit». Und als ich ihn per Mail um ein Interview bat, um viele der erwähnten Punkte zu klären, sagte er mit der lapidaren Begründung ab, dass ich darüber «nach der ‹Arena› sicher nicht überrascht» sei. In diesem Gespräch wollte ich Daniele Ganser die Gelegenheit geben, zu den zahlreichen, seine Karriere betreffenden Widersprüchen und Fragestellungen Stellung zu nehmen, die ich in diesem Buch aufführe. Etwa über die Vorwürfe von Fachleuten, dass sich die Hauptthese seiner Dissertation auf ein von den Russen gefälschtes Dokument bezieht. Auch hätte ich ihn zu den Giftgasangriffen und dem Krieg gegen die Zivilbevölkerung in Syrien befragt. Ebenfalls über die wahren Attentäter bei 9/11 hätte ich von ihm gerne Details erfahren. Oder warum selbst nach so vielen Jahren keiner der Beteiligten über die von ihm und seinen Kollegen unterstellten Hintergründe geredet hat. Und da gab es noch sehr viel mehr, das ich von ihm wissen wollte. Doch mit einem fadenscheinigen Vorwand verweigerte er apodiktisch das Gespräch.

Andere Meinungen oder gar kritische Fragen sind in der Welt der Verschwörungstheoretiker eben grundsätzlich nicht erwünscht und werden mit moralischer Entrüstung zurückgewiesen. So richtig wohl fühlen sich diese Leute nur in ihren endlosen Monologen vor ihrer

Gemeinde oder im Austausch mit Gleichgesinnten. In ihren Echokammern beklagen sie sich jeweils über die bösartigen und unfairen Angriffe von Menschen, die mit Blindheit geschlagen sind und aus politischer Kurzsichtigkeit oder schlichter Dummheit die evidente Wahrheit nicht erkennen wollen.

Solche Attacken auf ihre Tätigkeit sind für Verschwörungstheoretiker aber nicht negativ, sondern umgekehrt von grösster Wichtigkeit, denn schlimmer als alle Ablehnung ist für sie, von einer bedeutenden Öffentlichkeit nicht beachtet zu werden. Nur wenn man sich gegen diese üblen Feinde zu verteidigen hat, kann man sich vor der eigenen Gemeinde in der Märtyrerpose präsentieren, in die sich Leute wie Daniele Ganser mit Wollust hineinsteigern, um mit dieser Attitüde die eigene Bedeutung und die Gefährlichkeit ihrer Mission zu überhöhen. Nur so können sie in idealer Weise die eigene Community zusammenschweissen.

Ein ausführliches Interview hingegen, das von einem Journalisten mit kritischem Ansatz geführt würde, bei dem der Verschwörungstheoretiker bei der Themenwahl notgedrungen die Kontrolle aus der Hand geben müsste, wäre ein unabsehbares Risiko, dem man sich auf keinen Fall aussetzen will. Denn dort könnte man sich Blössen geben, vielleicht würden auch inhaltliche Schwächen aufgedeckt und damit wäre der unabdingliche Status der Überlegenheit gefährdet. Deshalb beschränken sich Verschwörungstheoretiker wie Ganser auf Auftritte vor ihren Gläubigen, Stellungnahmen in ihren Blogs und auf Interviews in unkritischen Medienplattformen aus der eigenen Ecke, die man auch laufend seinen Anhängern empfiehlt. Oder dann zeigt man sich bei einer sich bietenden Gelegenheit in einer Fernsehshow, in der eine vertiefte sachliche Diskussion von vorneweg ausgeschlossen ist. Dort kann man in penetranter Weise die eigenen Themen vorbringen, um sich anschliessend bei seinen Fans mit grossem Effekt als malträtiertes Opfer in Szene zu setzen.

Es müssen also andere Ansätze gefunden werden, um das Phänomen der Erfolgsgeschichte der heute führenden Verschwörungstheoretiker tiefer auszuloten. Es gilt, ihre Grundlagen und Methoden gründlich zu analysieren. Und dabei sticht ein Thema deutlich heraus, das hier bereits angesprochen wurde: die Anschläge von 9/11. Dieser unter so vielen Aspekten aussergewöhnlichen Story wenden wir uns nun zu.

9/11: Auch hier eine «Operation unter falscher Flagge»?
Foto: Keystone / AFP / Helene Seligman

9/11

Der brillante Machtanalytiker Niccolò Machiavelli äussert sich in seinen *Discorsi* in einem eigenen Kapitel zum Thema Verschwörungen. Dort vertritt er die Meinung, dass es «grosser Klugheit und besonderen Glücks bedarf, wenn eine Verschwörung nicht aufgedeckt werden soll». Er beschreibt jede Verschwörung als ein «sehr verwegenes Unterfangen», das «gefahrvoll und schwierig» sei, und zwar sowohl in der Phase der Anstiftung als auch während und nach der Ausführung. «Das einzige Mittel, der Entdeckung zu entgehen, ist es, den Mitverschwörern keine Zeit zu lassen, den Komplott zu verraten, es gilt also, die Zeit zwischen Beschluss und Ausführung so kurz wie möglich zu halten.» Als Begründung führt er weiter an, dass man sich vor der «Bosheit» von Konkurrenten, vor «Unvorsichtigkeit» und «Leichtsinn» zu schützen habe, die allesamt zur Aufdeckung einer Verschwörung führen können. Dies treffe insbesondere dann zu, wenn «die Zahl der Mitwisser drei oder vier übersteige.» Deshalb, schliesst Machiavelli, werden die meisten echten Verschwörungen zwangsmässig früher oder später aufgedeckt.

Was in der mittelalterlichen Welt von Machiavelli richtig war, ist es in unserer heutigen vernetzten Welt noch viel mehr. Verschwörungen mit einer grossen Zahl von Mitwissern, die während langer Zeit nicht aufgedeckt werden, haben gemäss den Erläuterungen von Machiavelli in der Realität gar nie stattgefunden, sondern sind Produkte der Einbildung. Indizien und Spuren, die trotz dieser Vorbehalte von Verschwörungstheoretikern vorgelegt werden, müssen von neutralen

Beobachtern unter diesen Aspekten beurteilt werden, und dies im Wissen, dass sie damit überzeugte Verschwörungstheoretiker in ihren Glaubenssätzen nicht erschüttern werden.

So hat die Enthüllungsplattform Wikileaks im Jahr 2009 über 500 000 Textnachrichten überprüft, die am 11. September 2001 unter anderem auch von Mitarbeitern des US-Verteidigungsministeriums und des FBI verschickt wurden. Keine einzige davon enthielt einen Hinweis auf eine «Operation unter falscher Flagge», also auf einen Inside-Job bei 9/11, wie es die weltweite Verschwörungstheoretiker-Gemeinde seit Jahren mit Inbrunst behauptet. Dieses Verdikt irritierte einen Teil der «Wahrheitsbewegung» («truther») deshalb besonders stark, weil Wikileaks ihren Vorstellungen von einem digital vernetzten anti-konspirativen Gegenmedium eigentlich in idealer Weise entspricht, wie John David Seidler in *Die Verschwörung der Massenmedien* darlegt. Julian Assange wurde deshalb von mehreren Gruppierungen aufgrund seines negativen Befunds zu 9/11 als getarnter Agent oder zumindest als «nützlicher Idiot» bezeichnet, der Informationen nicht gegen, sondern im Sinn der Verschwörung publizierte.

Osama bin Laden bekannte sich im Oktober 2001 in Video- und Audiobotschaften zu den Anschlägen und erwähnte, dass er die Attentäter selbst ausgewählt habe. Sein engster Mitarbeiter, Khalid Scheich Mohammed, hat im Jahr 2002 im arabischen Sender Al Jazeera die zehnjährige Planung der Anschläge geschildert, die er im Auftrag von bin Laden geleitet hat. Dabei bestritten er und sein Gefolgsmann Ayman al-Zawahiri mehrfach die These, dass sie dabei die aktive Hilfe der USA in Anspruch genommen hätten.

Aber genau eine solche Konstellation unterstellt eine der zwei gängigen Verschwörungsthesen, die als MIHOP (englisch für «made it happen on purpose») bekannt geworden ist. Demnach sind die USA direkt an den Anschlägen beteiligt gewesen. Eine zweite Variante will beweisen, dass die US-Regierung die Anschlagspläne von al-Kaida zwar kannte, sich jedoch weder daran beteiligte noch sie verhinderte. Diese Version zirkuliert in Verschwörungstheoretiker-Gruppen unter der Bezeichnung LIHOP (englisch für «let it happen on purpose»). Beide Thesen gehen also davon aus, dass es sich in Wirklichkeit um eine «Operation unter falscher Flagge» gehandelt habe, bei der auch andere Täter in aktiver oder passiver Weise für die offiziell der al-Kaida zugeschriebenen Anschläge verantwortlich seien.

Verschwörungstheoretiker benennen dafür die in ihrer Welt üblichen Verdächtigen, und dies mithilfe von falschen oder teilweise plump gefälschten Beweisen. Dabei stützen sie sich zuerst auf ihren jeweils wichtigsten Ansatz, nämlich auf die Frage, wer aus den Anschlägen von 9/11 Nutzen gezogen habe *(Cui bono?)*. Und da geraten sie gemäss ihrer seit Jahrhunderten gepflegten antisemitischen Tradition auf in- und ausländische Juden und auf Israel als eigentliche Drahtzieher. Diese These wurde auch von der schiitischen Terrororganisation Hizbollah verbreitet, was von Ayman al-Zawahiri von al-Kaida als Versuch gewertet wurde, seine Gruppe der Sunniten zu diskreditieren, indem man ihr die Fähigkeit zur Ausführung der Anschläge und damit den anschliessenden Triumph absprechen wolle. Gemäss den meisten Verschwörungstheoretikern war die US-Regierung für diese Aktion verantwortlich, um damit einen Grund für das Anzetteln von Kriegen gegen islamische Staaten zu finden, damit man sich auf diese Weise weitere Ölquellen sichern könne.

Wie die meisten 9/11-Verschwörungstheoretiker der sogenannten Truther-Bewegung konzentriert sich Daniele Ganser vor allem auf das nicht von einem der beiden Flugzeuge getroffene WTC7-Gebäude, das erst Stunden nach den Flugzeug-Einschlägen in die beiden grossen Türme einstürzte. Dabei legt er Indizien vor, wonach es sich um eine kontrollierte Sprengung von innen und nicht um die Folgen der Einstürze der beiden grossen Türme des World Trade

Centers handelte. Das heisst, dass es sich seiner Meinung nach bei 9/11 um eine Verschwörung gemäss MIHOP handeln müsse.

Die genauen Umstände des Einsturzes von WTC7 wurden in den USA während Jahren akribisch untersucht, da es sich um Vorgänge handelt, für die es aus technischer Sicht keine direkt vergleichbaren Erfahrungswerte gab. Der 2008 veröffentlichte Schlussbericht des National Institute of Science and Technology (NIST) beleuchtete detailliert die Einsturzursachen. Nach Prüfung aller Möglichkeiten wird eine Sprengung kategorisch ausgeschlossen. In der Folge haben mehrere Wissenschaftler in unabhängigen Studien die These einer bewusst durchgeführten Sprengung ebenfalls klar widerlegt. So sei der Beton fast vollständig pulverisiert worden, was bei einer Sprengung nicht geschehe. Auch wurden keinerlei Sprengstoffspuren gefunden und entsprechend beschädigte Stahlträger gab es ebenfalls keine. Weiter belegen Untersuchungen, dass die Vertreter der Verschwörungsthese das verfügbare Bildmaterial nur selektiv benutzen. So erfolgte der Gebäudeeinsturz nicht symmetrisch, wie sie ihrem Publikum mit gewissen Videoaufnahmen jeweils zu demonstrieren versuchen, sondern er begann auf der stärker beschädigten Südseite, wo es weit grössere Schäden und intensiv brennende Feuer gab.

Zum Beleg ihrer Thesen können die Verschwörungstheoretiker also keine glaubwürdige technische Erklärung vorlegen. Zudem fehlt es ihren Alternativszenarien an Plausibilität. Im konkreten Fall heisst dies: Nach dem Einsturz der beiden Türme hätte eine kontrollierte Sprengung des WTC7 überhaupt keinen Sinn ergeben, da dies die enorme Terrorwirkung der Anschläge nicht spürbar verstärkt hätte.

Für eine Verschwörung in grossem Stil hätte es zudem der Planung und Teilnahme von Tausenden von Mitarbeitern mehrerer amerikanischer Behörden bedurft. Sie hätten während Wochen und ohne jegliches Aufsehen zu erregen riesige Mengen von Sprengstoff im WTC7 placieren müssen. Die Verschwörungstheoretiker-These geht zudem davon aus, dass sich eine grosse Zahl amerikanischer Patrioten in verschiedensten offiziellen Positionen an der Vorbereitung und Ausführung einer Aktion beteiligt hat, bei der gegen 3000 ihrer Landsleute umkamen, und dass kein Einziger von ihnen je öffentlich ein entsprechendes, mit Fakten unterlegtes Geständnis abgelegt hat. Zudem hätten alle Beteiligten absolut sicher sein müssen, dass die totale Geheimhaltung über ihre sinistren Aktivitäten auch über Jahre hinweg gewährleistet war.

Trotzdem zirkulieren im Netz die unterschiedlichsten und auch wildesten Thesen über die Vorgänge am 11. September. Eine der abstrusesten ist die «no plane theory», gemäss der nicht nur WTC7, sondern das ganze World Trade Center kontrolliert gesprengt worden sei, weil es gar keine einschlagenden Flugzeuge gegeben habe, sondern dass es sich lediglich um einen Virtual-Reality-Event gehandelt habe. Auch bei allen anderen der gängigen Verschwörungstheorien konzentrieren sich die Truther auf Anomalien, Widersprüche und Seltsamkeiten in Videos und Fotografien, ohne echte und schlüssige Beweise für ihre alternativen Szenarien vorlegen zu können.

Wissenschaftstheoretiker verweisen in diesem Zusammenhang oft auf das «Sparsamkeitsprinzip», das unter dem Namen «Ockhams Rasiermesser» («Ockham's Razor») bekannt geworden ist.

«Ockhams Rasiermesser» bezieht sich auf die Erkenntnisse des mittelalterlichen englischen Philosophen Wilhelm von Ockham (1288–1347). Gemäss Wikipedia drückt dieses Prinzip Folgendes aus:
1. «Von mehreren möglichen Erklärungen für ein und denselben Sachverhalt ist die einfachste Theorie allen anderen vorzuziehen.
2. Eine Theorie ist einfach, wenn sie möglichst wenige Variablen und Hypothesen enthält und wenn diese in klaren logischen Beziehungen zueinander stehen, aus denen der zu erklärende Sachverhalt logisch folgt.

Die metaphorische Bezeichnung als Rasiermesser ergibt sich daraus, dass alle anderen Erklärungen eines Phänomens wie mit einem Rasiermesser einfach und auf einmal entfernt werden können.»

In Bezug auf die Verschwörungstheorien zu 9/11 erweisen sich alle Alternativszenarien als viel komplexer als die offizielle Version. Truther reihen Hypothesen an Hypothesen, um zu einer irgendwie nachvollziehbaren Erklärung zu gelangen. Einmal sind es die Ölinteressen der Familie Bush mit ihren Beziehungen im Nahen Osten. Dann verweist man auf die wirtschaftliche Beteiligung von Vizepräsident Dick Cheney an der Firma Halliburton, die riesige Aufträge für Tätigkeiten im Irak erhielt. Und dann gibt es natürlich die These, dass die jüdischen Neokonservativen in der amerikanischen Regierung israelische Interessen vertreten haben.

Das weitgehende Versagen der amerikanischen Geheimdienste und des US-Militärs bei der Verhinderung der Terroranschläge sei allein mit ihrer Beteiligung an 9/11 zu erklären, behaupten die Truther. Dasselbe gelte für die Reaktion der US-Behörden im Nachgang der Anschläge mit ihren Argwohn erweckenden Ausflüchten und verschleppten Untersuchungen. All dies hat das Aufkommen von Verschwörungstheorien begünstigt und die Skepsis gegenüber den offiziellen Angaben verstärkt.

Nach 9/11 wurden die zahlreichen Versäumnisse vieler amerikanischer Amtsstellen aufgearbeitet, und mit dem «Patriot Act» wurden strenge neue Sicherheitsmassnahmen in allen Bereichen verfügt. Dabei wurden unter anderem auch die Sicherheitsdispositive an Flughäfen extrem verschärft.

Die offizielle Version beruht auf dem Faktum, dass 19 namentlich bekannte arabische Attentäter, 15 davon Saudis wie Osama bin Laden, die Anschläge ausgeführt haben und die Führung von al-Kaida die eigene Urheberschaft mehrfach bestätigt hat. Auch hat bin Laden den USA Jahre zuvor offiziell den Krieg erklärt und in mehreren Ländern bereits früher Terroranschläge ausgeführt, einige davon nachweislich auch in den USA. Seine welterschütternde Verschwörung gegen die USA legte er stolz als Schlag gegen den «grossen Satan» offen, so wie es Terrororganisationen nach erfolgreichen Anschlägen immer tun, um sich den Ruhm in den weltweiten Medien zu sichern.

Trotz dieser Informationen zeigten verschiedene Umfragen in den USA, dass grosse Teile der Bevölkerung den offiziellen Erklärungen der auch in anderen Bereichen hart kritisierten Bush-Regierung misstrauten. So wurde in einer Untersuchung von Scripps Howard / Ohio University im Jahr 2006 ermittelt, dass 16 Prozent der Befragten eine aktive oder passive Beteiligung der US-Regierung für «sehr wahrscheinlich» hielten, 20 Prozent als «etwas wahrscheinlich» und nur 59 Prozent als «unwahrscheinlich». Direkt nach den Anschlägen war die Skepsis sogar noch grösser. So ermittelte CBS / *New York Times* in einer im Mai 2002 durchgeführten Umfrage, dass nur 25 Prozent der Befragten glaubten, die Bush-Regierung würde die ganze Wahrheit über die Anschläge sagen, 61 Prozent waren der Meinung, dass sie etwas verberge, und 7 Prozent glaubten, dass sie lüge.

Wie Michael Butter darlegt («Konspirationistisches Denken in den USA» im Buch *Konspiration*), ist die Geschichte der USA reich an Verschwörungstheorien, aber arm an wirklichen Verschwörungen. Die Anhänger von Verschwörungstheorien wurden früher gesellschaftlich marginalisiert und erlangten deshalb wenig Einfluss. Heute glaubt etwa ein Drittel der Amerikaner an mindestens eine Verschwörungstheorie. Der Grund liegt in den konkreten Erfahrungen aus den letzten Jahrzehnten.

So gab es in den 1950er-Jahren in den USA eine von der US-Regierung lancierte antikommunistische Verschwörungstheorie, die von Senator McCarthy gefördert wurde, der bei seinen düsteren Aktivitäten den Schutz der Präsidenten Truman und Eisenhower und des FBI-Chefs J. Edgar Hoover genoss. Seine Kampagne führte zu eigentlichen Hexenjagden, bei denen Tausende wegen echter oder angeblicher Kontakte zu kommunistischen Organisationen ihren Job verloren und gesellschaftlich geächtet wurden. Betroffen waren vor allem Filmleute in Hollywood, aber auch andere Bereiche der Gesellschaft. Engster Mitarbeiter von Joseph McCarthy war der junge Anwalt Roy Cohn, der später Anwalt und Mentor von Donald Trump in New York werden sollte. Nach dem Ende dieser dunklen Phase übernahm die rechtsextremistische John Birch Society mit ihrer breiten Gefolgschaft diese antikommunistischen Verschwörungsthesen.

In den 1960er-Jahren und später erschütterten die Veröffentlichungen der «Pentagon Papers», die Enthüllung zu Watergate und später die Iran-Contra-Affäre wiederholt das Vertrauen der US-Bürger in ihre Regierung. Das Aufdecken dieser echten Verschwörungen verschaffte Verschwörungstheorien, bei denen der Regierung die Rolle des Täters zugeschrieben wird, starken Auftrieb. Dies manifestierte sich später in besonderem Masse bei der weit verbreiteten Kritik an der offiziellen Darstellung der Ereignisse vom 11. September.

Im deutschen Sprachraum waren es vor allem Kritiker aus dem ganz rechten Lager wie Mathias Bröckers, Andreas von Bülow und Gerhard Wisnewski, die mit Büchern zu diesem «Tabuthema», wie sie es nennen, Bestseller mit Dutzenden von Auflagen veröffentlichten. Bröckers etwa spricht vom «haarsträubenden Märchen von Osama und den neunzehn Teppichmessern». Und Ken Jebsen, ein weiterer Star der aktuellen deutschen Verschwörungstheoretiker-Szene, erklärt im Buch *Der Fall Ken Jebsen* mit verblüffender Logik: «Es muss ja eine Verschwörung gewesen sein, da Osama bin Laden nicht als Einzeltäter die drei World-Trade-Center-Türme aus dem Stadtbild Manhattans entfernt haben konnte.»

Andreas Anton schreibt im Sammelband *Konspiration,* der gemäss Klappentext der «Versuch einer soziologischen Ehrenrettung des konspirologischen Gegenwartsdenkens» sein soll, dass «zumindest einige der alternativen Szenarien in Punkto Rationalität und ‹interner Plausibilität› den regierungsamtlichen Erklärungen nicht nachstehen». Er argumentiert – Achtung, Analogieschluss! –, «dass es in der Vergangenheit immer wieder reale Verschwörungen von Regierungen und Geheimdiensten gab, die teilweise erschreckende Ausmasse annahmen und bei denen – wie etwa im Falle der Terroranschläge der Gladio-Truppen – in manchen Fällen auch vor Gräueltaten gegen die eigene Zivilbevölkerung nicht zurückgeschreckt wurde». Daher plädiert er gleich wie Daniele Ganser, auf den er sich in seiner Argumentation deutlich bezieht, und viele andere Verschwörungstheoretiker für eine «offene Debatte». Auch Helmut Reinalter, der mit *Die Weltverschwörer* eine ausführliche Geschichte der Verschwörungstheorien vorgelegt hat, ist der Meinung, dass «die Anschläge trotz zahlreicher Bemühungen bis heute nicht aufgeklärt sind. Viele Details sind noch offen und nicht hinreichend recherchiert oder können nur sehr schwer erklärt werden ... Die Vorgeschichte und die Tat des 11. 9. können ohne Unterstützung aus den Apparaten des FBI, der CIA, der NSA oder des Mossad in ihren Einzelheiten nicht angemessen aufgeklärt werden.» Reinalter weist dann aber mit Hinweis auf Robert S. Robins und Jerrold M. Post *(Die Psychologie des Terrors)* darauf hin, dass 9/11 nicht als geschichtliches Ereignis gewertet werden sollte, sondern als «Mythos», «bei dem Widersprüche keine Rolle spielen. Dass solche Verschwörungstheorien auch Elemente des politischen Wahns beinhalten, eine Form der Psychopathologie, ist evident ... wobei der Weg vom individuellen Wahn zur Gruppenparanoia nicht allzu weit ist.»

Gemäss «Ockhams Rasiermesser» ist also evident, welches die einfachste, plausibelste und klarste These ist, die mit möglichst wenig Variablen und Hypothesen auskommt. Der Verschwörungstheorie-Experte Michael Butter erklärte in einem Interview in der *Zeit,* dass Verschwörungstheoretiker laufend neue Argumente vorlegen, die man im Detail widerlegen müsse. «Ausserdem glauben sie, immer mehr erklären zu können, als die Realität hergibt ... Aber manchmal ist die Wirklichkeit eben unstimmig und widerborstig. Das wollen Verschwörungstheoretiker aber nicht wissen. Bei ihnen geht immer alles auf, weil es ja nur eine Erklärung geben kann ... Das übliche Narrativ der Verschwörung lautet: Nichts ist, wie es scheint.»

Weshalb aber beharren die Verschwörungstheoretiker bei 9/11 trotz aller technischen, plausiblen und wissenschaftstheoretischen Gegenargumente auf ihren Thesen? Weshalb besteht Daniele Ganser neben einer Unzahl weiterer Verschwörungstheoretiker weiterhin darauf, dass eine Beteiligung der US-Regierung bei den Anschlägen von 9/11 zumindest «nicht auszuschliessen» sei?

Ein Grund ist mit Sicherheit, dass die Anschläge im Zentrum von New York mehr weltweite Publizität als jedes andere Ereignis der jüngeren Vergangenheit erhalten haben. Sie erschütterten nicht nur die Weltmacht USA bis in ihre Grundfesten. Sie sind weltweit zu einem beispiellosen Schockerlebnis geworden, das noch nicht vollständig verarbeitet ist. Für Verschwörungstheoretiker ist es deshalb von zentraler Bedeutung, dass es sich bei diesem monumentalen Fall unbedingt um eine «Operation unter falscher Flagge» gehandelt haben muss. Denn ein Ereignis, bei dem gegen 3000 Amerikaner durch die aktive Beteiligung der eigenen Regierung den Tod fanden, ist für sie der ultimative Beweis für die Perfidie des «Imperiums USA». Deshalb überstrahlt dieser Fall für sie alle anderen kriegerischen oder terroristischen Ereignisse der letzten Jahrzehnte um Längen.

Dabei gehen einige von ihnen besonders raffiniert vor. Sie versetzen Menschen mit harmlos klingenden Fragen – «Ich kann das nicht für Sie auflösen!» – in Schwingung, indem sie geschickt die Unterschiede zwischen Fakten, Hypothesen und Falschinformationen verwischen. Damit gelingt es ihnen, ihre Grundthese des Antiamerikanismus mithilfe von 9/11 optimal zu bewirtschaften. Um dieses Ziel zu erreichen, verlässt auch der gelernte Historiker Daniele Ganser die wissenschaftliche Herangehensweise zugunsten einer plumpen Verschwörungstheorie. Publikumswirksam präsentiert er komplizierte, weit hergeholte Konstruktionen, die den Prinzipien der Logik in vielen Teilen nicht genügen und den gut dokumentierten wissenschaftlichen Untersuchungen weit unterlegen sind. Indem er angeblich nur Fragen aufwirft, umgeht er sein grösstes Problem, nämlich, dass er keine konkreten und überprüfbaren Daten über eine alternative Täterschaft präsentieren kann. Er entzieht sich der faktengestützten Erklärung der Anschläge und beschränkt sich auf die Haupttätigkeit von Verschwörungstheoretikern: der Verunsicherung einer Öffentlichkeit, die weder die fachlichen noch die zeitlichen Voraussetzungen hat, die von ihm vorgelegten Fragen ernsthaft zu «prüfen».

Verschwörungstheoretiker wischen alle Gegenargumente mit ihrem üblichen Einwand zur Seite, dass die angeführten Vorbehalte ein weiterer Beleg für die Macht und die Niedertracht der Verschwörer seien. So sind die Verschwörungstheorien zu 9/11 in ihrer Essenz das Produkt einer nihilistischen Skepsis gegenüber allen wichtigen gesellschaftlichen Institutionen – Regierung, Wissenschaft und Medien –, von denen man sich betrogen fühlt.

Und mehr als das. Die angebliche Beteiligung der Regierung bei 9/11 gilt in dieser Sicht als der definitive Beweis für die durch nichts zu übertreffende Arglist der USA. Zur Durchsetzung ihrer politischen und wirtschaftlichen Ziele soll die US-Regierung nicht nur unzählige Menschen in anderen Ländern ermordet, sondern auch Tausende von eigenen Bürgern geopfert haben. Wenn diese These weltweit glaubwürdig vertreten werden kann, dann ist das grosse Ziel, nämlich die Verteufelung und Verdammung Amerikas, auf viel eindrücklichere Weise gelungen, als es mit jedem anderen denkbaren Beweis möglich wäre. Und deshalb sind die antiamerikanischen Verschwörungstheoretiker weiterhin total fixiert auf das eine Thema 9/11 – und werden es noch sehr lange bleiben.

Steve Bannon: Donald Trumps ehemaliger Strategiechef und viele Jahre Führer der Alt-Right-Bewegung
Foto: picture alliance, Bill Greenblatt

Lügenmedien und Fake News

Für Verschwörungstheoretiker sind die Medien von überragender Bedeutung. Nur wenn ihre Thesen verbreitet werden, haben sie eine Chance, von einer grossen Öffentlichkeit wahrgenommen zu werden. Denn «Verschwörungstheorien sind mediale Ereignisse», befindet Ute Caumanns in *Wer zog die Drähte?*: «Die Verbreitung ihrer Botschaft ist eine immanente Notwendigkeit. Der Erfolg von Verschwörungstheorien ergibt sich also nicht nur aus deren materiellem Inhalt, sondern auch aus deren medialer Vermittlung.»

Doch bei den etablierten Medien, die journalistischen Kriterien folgen, finden solche Themen nur in Ausnahmefällen Beachtung, weil sie nicht auf Recherchen seriöser Quellen beruhen. Vor allem rechtsradikale Verschwörungstheoretiker verunglimpfen deshalb die traditionellen Medien permanent mit Bezeichnungen wie «Lügenmedien» oder «Fake-News-Medien». Mit diesen Begriffen unterstellen sie eine Verschwörung gegen sich und ihre Thesen, weshalb sie diese mit allen ihnen zur Verfügung stehenden Mitteln bekämpfen müssen.

Der Begriff «Lügenmedien» war bereits vor dem ersten Weltkrieg in Deutschland gebräuchlich. Es waren dann aber die Nazis, die ihn in ihren Propagandaorganen einsetzten. Adolf Hitler benutzte ihn im Jahr 1922 für die damals noch existierende marxistische Presse. Die Kommentierung der sogenannten Kristallnacht im Jahr 1938 durch ausländische Medien wurde von der NSDAP als Reaktionen der «Hetz- und Lügenpresse» bezeichnet, die auf diese Weise Deutschland verleumden wolle. Propagandaminister Joseph Goebbels verwendete den Begriff Lügenpresse zur Charakterisierung der Medien der späteren Kriegsgegner USA, Frankreich und Grossbritannien.

Nach dem Krieg war der Begriff Teil der Sprachregelung der DDR, wo die «kapitalistische Lügenpresse» vor allem in der TV-Sendung *Schwarzer Kanal* laufend verurteilt wurde. Jahre nach dem Fall der Mauer erlebte der Begriff in neonazistischen und rechtsradikalen Gruppen Ostdeutschlands eine Auferstehung. So schloss die NPD 2009 und 2010 westliche Medien von ihren Parteitagen aus und bezeichnete sie pauschal als «Lügenpresse». Seit Oktober 2014 wird das Schlagwort ständig an Demonstrationen der Rechtsaussenbewegung Pegida skandiert. Teilnehmer dieser Veranstaltungen werden von den Rednern aufgefordert, nicht mit den anwesenden Medienvertretern zu sprechen, weil sie ihre Aussagen verfälschen würden. In der Folge gab es auch bei der aus der Pegida herausgewachsenen Rechtsaussenpartei AfD regelmässig Sprechchöre gegen die «Lügenpresse» und ihre Vertreter. Ähnliches spielte sich bei Pro-Erdogan-Demonstrationen in Deutschland ab. Die Bezeichnungen «Lügenpresse», «Systempresse» oder «Propagandamedien» werden generell als Codewörter für den «gleichgeschalteten Medienapparat» verwendet.

Im Januar 2015 wurde «Lügenpresse» zum «Unwort des Jahres 2014» gewählt. In einem *Spiegel*-Essay im Januar 2015 beschrieb der Medienwissenschaftler Bernhard Pörksen den Begriff als eine verschwörungstheoretische Radikalisierung in Form von Medienverdrossenheit. Diese werde vorwiegend im Internet, aber auch im Sachbuchmarkt geschürt, und zwar vor allem von Autoren wie Ken Jebsen, Jürgen Elsässer, Thor Kunkel und Udo Ulfkotte. Unterstellt werde von diesen eine planmässige Manipulation des Publikums durch Medien, die im Dienste von diffusen Mächten stünden.

Pörsken schreibt weiter: «Verschwörungstheoretiker zweifeln pauschal an der offiziellen Berichterstattung, aber eigentlich nie an sich selbst und den Ergebnissen eigener Recherchen, weil sie eben doch ganz genau wissen, wer die wahren Drahtzieher sind und was wirklich gespielt wird. Ein solches Denken hat verführerischen Charme für den Einzelnen, zugleich ist es für den öffentlichen Diskurs gefährlich, weil sich der Verschwörungstheoretiker gegen eine mögliche Widerlegung immunisiert.» Diese Angriffe auf die etablierten Medien zeigten Wirkung. Ende 2015 waren nicht weniger als 39 Prozent der befragten Deutschen der Meinung, am Vorwurf der «Lügenpresse» sei etwas dran. So würden Medien wesentliche Inhalte verheimlichen und Sachverhalte verdrehen. In Ostdeutschland erreichte die Zustimmung zu diesen Behauptungen sogar 44 Prozent, wie in einer Allensbach-Studie festgehalten wurde.

Auch die offen auftretenden Verschwörungstheoretiker stützen sich auf diese These. Der ehemalige Radiomoderator Ken Jebsen verwendet das Bild einer «unsichtbaren Hand», welche die öffentliche Diskussion lenke. So werde «die Wahrheit» über den Anschlag vom 11. September durch eine stabsmässig organisierte Repression verdrängt, mit der die Redaktionen der Mainstream-Medien bei ihrer Themenwahl kontrolliert und manipuliert würden. Als «logische Antwort» auf die Frage, wer zu einer solchen logistisch komplexen Aktion fähig sei, benennt Jebsen nicht bloss den CIA, sondern auch Israel, dessen Interessen vor allem bei der Springer-Presse gewahrt werden aufgrund der von Verlagsgründer Axel Springer formulierten journalistischen Leitsätze in Bezug auf eine grundsätzlich positive Haltung gegenüber den USA und Israel. Ken Jebsen erklärt in seinem Text über «Die innere Pressefreiheit»: «Wir, die Bevölkerung, können uns auf die PRESSE in einem Land der BRD nur noch bedingt verlassen. Das, was wir mal unter FREIER PRESSE verstanden haben, existiert nur noch in Ausnahmefällen oder im Netz.»

Von extremen Kritikern der Medienlandschaft wird der Begriff «Lügenpresse» manchmal zu «Lückenpresse» verballhornt. Ulrich Teusch weist in einem Buch, das er ganz diesem Thema gewidmet hat, auf die selektive Darstellung und Unterdrückung wesentlicher Informationen durch die Mainstream-Medien hin. Auch Daniele Ganser und Mathias Bröckers verwenden den Begriff «Lückenmedien». So ruft Ganser seinen Zuhörern regelmässig zu: «Euer Eindruck stimmt, wir werden angelogen, von den Behörden, von den Medien.»

Das Festsetzen des Begriffs Lügenpresse in den Köpfen von Millionen von Menschen bildet die Basis für den Angriff auf diese traditionelle Bastion des öffentlichen Diskurses in Demokratien. In einem Essay im Blog Geschichte der Gegenwart erläutert Sylvia Sasse diese Mechanismen: «Wenn alle Medien das Gleiche berichten, so ist das nicht etwa die Wahrheit, sondern wird zum Motiv der Verschwörungsgeschichte der Gleichschaltung.» Diese könne man, so die These der Verschwörungstheoretiker, allein mit «alternativen Medien» bekämpfen, zu denen vor allem rechtspopulistische und rechtsextreme Blogs und Onlinezeitschriften gehören.

Der Begriff «alternativ» hat vor Jahren in breiten Kreisen der Bevölkerung vor allem positive Assoziationen ausgelöst. Alternative Wohn- und Lebensformen, alternative Energien – all diese Bezeichnungen wurden für zukunftsgerichtete, oft auch umweltfreundliche Entwicklungen verwendet. Doch dann wurde der Begriff von Gruppen mit ganz anderen politischen Ausrichtungen gekapert, die ihn heute in einem konträren Zusammenhang zur früheren Bedeutung benutzen. Da ist etwa die AfD, die Alternative für Deutschland aus dem rechten demokratischen Spektrum Deutschlands. Der Name dieser Partei impliziert, dass es sich um eine Alternative zu allen anderen Parteien handelt, die sich inhaltlich in ihren Grundhaltungen kaum unterscheiden würden.

Auch der staatliche russische TV-Sender RT, der in mehreren Sprachen sendet, beansprucht diesen Begriff für sich und firmiert offiziell als «alternative Nachrichtenquelle», die sich gegen das Establishment der Leitmedien stellt und dessen einheitliche Propaganda bekämpft, wie Sasse festhält. Dabei nimmt RT, und dies ohne einen Hauch von Camouflage, eine klare Pro-Putin-Position ein, der alle Fakten untergeordnet werden. In dieser Anwendung bedeutet «alternativ» also, dass es sich nicht um die Präsentation von korrekten Fakten, sondern um die Perspektive der russischen Regierung handelt. So erklärte Marija Sacharova, die Sprecherin des russischen Aussenministeriums: «Das, was RT macht, ist ein Durchbruch in dem Sinne, dass auf dem globalen Informationsfeld eine alternative Quelle für alternative Informationen aufgetaucht ist.» Offenbar ist Putin davon überzeugt, dass er bei einem Publikum, das durch die «Lügenpresse»-Hetze seit Jahren verunsichert ist, auf positive Resonanz stossen kann. Dabei wird die frühere Lesart des Begriffs «alternativ» völlig pervertiert. Bei unvoreingenommenen Zuschauern beschädigt dies allerdings die Glaubwürdigkeit von RT. Es erstaunt aber nicht, dass Daniele Ganser der deutschsprachigen Ausgabe von RT bereitwillig Interviews zum sogenannten Informationskrieg gab, während er sich kritischen Fragen unabhängiger Journalisten konsequent verweigert.

Teile des Internets und die weltweit verbreiteten «alternativen» russischen TV-Stationen sind eine neue, erweiterte und effizientere Form der sowjetischen «dezinformatsiya»-Methoden geworden. So hatte Moskau in den Jahrzehnten zuvor über verschiedenste Kanäle gefälschte Dokumente in Umlauf gebracht, die heute eleganter und einfacher als Fake News ins Netz gestellt werden. Der ehemalige FBI-Mitarbeiter Clint Watts hat vor einem US-Senatsausschuss erklärt, dass diese Tätigkeit der russischen Behörden von amerikanischen Geheimdiensten ab 2014 erfasst worden sei und dass sie vor, während und nach der US-Präsidentenwahl 2016 fortgesetzt werde.

Denselben Ansatz verfolgt auch die äusserste Rechte in den USA. Die Alt-Right-Bewegung (wobei Alt für alternativ steht) kämpft für die Zerstörung der bestehenden staatlichen Strukturen («deconstruction of the administrative state»). Dies peilte Donald Trumps erster

Strategiechef Steve Bannon, der ideologische Bannerträger und ehemalige Chef des Alt-Right-Portals Breitbart News, erklärtermassen an. Um dieses Ziel zu erreichen, müssen unter anderem die Fake News Media – dies ist der ständig verwendete Begriff der aktuellen US-Regierung für die heimische «Lügenpresse» – niedergekämpft werden. Donald Trump hat sie sogar als «Feinde des Volkes» beschimpft, ein Begriff, wie ihn Diktatoren und Autokraten regelmässig für unabhängige Medien verwenden. Während vieler seiner Wahlkampfauftritte beschimpfte er die anwesenden Medienleute aufs Heftigste und brachte seine emotionalisierten Fans mit Ausrufen wie «Dies sind die unehrlichsten Menschen der Welt» gegen sie auf.

Gemäss der Trump-Definition gehören zu den Fake News Media all jene Medien, die ihn kritisieren. Medien, die ihm applaudieren, lobt er. Er sieht eine Verschwörung gegen sich und seine Präsidentschaft und verhält sich damit gleich wie Wladimir Putin, der sich ebenfalls ständig von Feinden umgeben sieht, wie der russische Geheimdienstexperte Andrej Soldatow in einem *Spiegel*-Interview erläuterte. Für Trump sind die führenden Medien des Landes der Herd dieser Verschwörung, die mithilfe ihrer aufwendigen Recherchen beinahe täglich Berichte über die Lügen und Misserfolge des Präsidenten veröffentlichen. Diesen Angriffen begegnet Trump mit wiederholten Versuchen der Delegitimation der grössten und wichtigsten Zeitungen und TV-Kanäle des Landes. Ein besonders grotesker Ausdruck dieser Haltung war die hilflose Erklärung seiner Beraterin Kellyann Conway, die zum Ergötzen einer informierten Öffentlichkeit offen von «alternativen Fakten» sprach, die vom Weissen Haus vertreten werden. Der eminente amerikanische Journalist und Medienprofessor George F. Wills beklagt diese Entwicklung mit den Worten: «Desinformation verdrängt Wissen.» Oder wie es der amerikanische Politiker Patrick Moynihan einmal formulierte: «Jeder hat das Recht auf eine eigene Meinung, aber nicht auf eigene Fakten.»

Trump benutzt die Verschwörungstheorie der «Lügenpresse» und Fake News Media nicht aus ideologischen oder faktengestützten Gründen, sondern weil er sich davon persönliche Vorteile verspricht. Dieses opportunistische Verhalten entpuppt sich jedoch als widersprüchlich, denn eigentlich wünscht sich Trump nichts sehnlicher, als genau von diesen Medien und ihren herausragenden Figuren gelobt und geliebt zu werden. Bei Bedarf gewährt er der von ihm verhöhnten *New York Times* Exklusivinterviews, um sich damit jene täglichen Schlagzeilen zu sichern, die er so sehr liebt und von denen er nie genug kriegen kann. Und deshalb buhlt er zwischen seinen Fundamentalattacken in beinahe rührender Weise um die Gunst dieser Medien. So rief er nur Minuten nach dem Scheitern seiner Gesundheitsreform im Repräsentantenhaus die völlig verblüfften Reporter der von ihm während Monaten als übelste Fake News Media bezeichneten Zeitungen an, nämlich Robert Costa von der *Washington Post* und Maggie Haberman von der «failing ‹New York Times›». Nach der beispiellosen parlamentarischen Niederlage teilte er ihnen in länglichen Gesprächen seine Befindlichkeit mit und bat sie um Vorschläge für das weitere Vorgehen. Dieses ambivalente Verhältnis zu den Bannerträgern der vierten Gewalt hält ihn jedoch in keiner Weise davon ab, sie umgehend mit der altbekannten Fake-News-Verschwörungstheorie zu diskreditieren, wenn er aufgrund von neuen Enthüllungen gezielt ein weiteres Ablenkungsmanöver lanciert.

Mit dieser Strategie hat Trump Erfolg. Denn in einer typischen Reaktion seiner Anhänger, die in grosser Zahl an Verschwörungstheorien glauben, schenken sie seinen Lügen gerade deshalb unverbrüchliches Vertrauen, weil diese durch die auch von ihnen verachteten Fake News Media offengelegt werden.

Eine mildere, etwas abgeschwächte Version von «Lügenpresse» ist die heute geläufige Bezeichnung «Mainstream-Medien», die auch von der amerikanischen Alt-Right-Bewegung oft benutzt wird. Im Ansatz handelt es sich um denselben Vorwurf, nämlich, dass es eine Verschwörung der wichtigsten Medienplayer gebe, denen man etwas Alternatives entgegenhalten müsse. Neben den üblichen Verdächtigen aus dem rechtsextremen Lager sind es auch etablierte Journalisten, die sich mit diesem Vorwurf profilieren möchten. Einer von ihnen ist Roger Köppel, Besitzer und Chefredaktor der Schweizer Wochenzeitung *Weltwoche,* der häufig in deutsche Talkshows geladen wird, um dort extrem rechte Positionen zu vertreten, vor denen renommierte deutsche Journalisten zurückschrecken.

In seinem Blatt versucht sich Köppel permanent mit seiner Abgrenzung zu den «Mainstream-Medien» zu profilieren, wie er erklärt, um sich so ein Alleinstellungsmerkmal in der heimischen Presselandschaft zu sichern. Doch wenn es bei einem aktuellen Thema besonders heiss zugeht, steigert er die Vehemenz seiner Rhetorik und greift ebenfalls zu den härteren Kampfbegriffen wie Fake News und «Lügenpresse», wie etwa in seinem Kommentar zur Ganser-Sendung im Schweizer Fernsehen. «Auch Projers Zitatverfälschung in der letzten ‹Arena› gehört zum Genre dieser rabiaten linken ‹Lügenpresse› ... Es ist ein hässliches Wort, aber leider kann man ihm eine gewisse Berechtigung nicht absprechen», erklärt Köppel. Umgehend bedankte sich Ganser öffentlich bei ihm für seine Unterstützung.

In seiner *Weltwoche* präsentiert Köppel Meinungen und Hintergründe, in denen er zu allen vorherrschenden Meinungen reflexartig die alternative Gegenposition einnimmt. Berichte der US-Geheimdienste über die massiven Eingriffe der Russen in den Wahlkampf bezeichnet er ohne Wenn und Aber als «Verschwörungstheorie». Köppel scheut auch nicht vor Jubelartikeln zu Putin, Erdogan, Orban oder Berlusconi zurück. Und in einem selbst gezeichneten Artikel lobte er sogar Hermann Göring, der als zweiter Mann im Hitler-Regime und als Gründer der Gestapo unter anderem für die Errichtung der ersten Konzentrationslager zuständig war und die «Endlösung der Judenfrage» in Gang setzte. Dazu ein apologetischer Köppel: «Irgendetwas muss der noch kaum arrivierte, blauäugige Göring gehabt haben ... Göring war mit ausserordentlichen Frauen verheiratet ... Göring war weder Monster noch Teufel. Sein Trauma war der Absturz Deutschlands nach dem Weltkrieg 1918. Wie Millionen andere glaubte er in Hitler den genialen Wiedererrichter deutscher Grösse, den Beseitiger politischen Unrechts zu erblicken. Zweifellos hatte Göring Qualitäten, wie auch seine Gegner nach dem Krieg bestätigten.»

Ein permanenter Zwang zur Einnahme von Alternativpositionen, um in einer atomisierten Medienlandschaft sowohl Aufmerksamkeit zu erzielen als auch die der Kollusion mit den Herrschenden beschuldigten «Mainstream-Medien» zu denunzieren, kann also zu extremen Ausschlägen führen.

Nur einen Schritt weiter gehen die professionellen Produzenten von Fake News, die gezielt falsche Verschwörungstheorien im Internet verbreiten. Sie nützen aus ideologischen und/oder kommerziellen Motiven die technischen Möglichkeiten, um sich blitzschnell weltweite Aufmerksamkeit zu sichern. Dabei können sie sich einige der für traditionelle Verschwörungstheorien notwendigen Schritte sparen. Sie müssen nicht mithilfe eines Amalgams aus seriösen, dubiosen und erfundenen Quellen eine eigene, möglichst glaubwürdig klingende Theorie basteln. Sie erfinden einfach alles gleich selbst. Und sie benötigen nicht einmal zwingend ein echtes Ereignis. Sie brauchen sich bloss Geschichten auszudenken, die auf ein möglichst grosses weltweites Interesse stossen können.

Dank der Algorithmen von Google generieren solche Websites gewaltige Werbeeinnahmen, weil sie automatisch den meistaufgerufenen Geschichten zugewiesen werden. Jene Meldungen erhalten die höchste Aufmerksamkeit, die Sensationelles vermelden und bestehende Vorurteile aufgreifen. Die Brisanz erhöht sich, wenn Namen von prominenten Persönlichkeiten verwendet werden, bei denen das

Interesse für Schmutzgeschichten besonders ausgeprägt ist. In der letzten Phase des US-Wahlkampfs erreichten auf Facebook die meistgelesenen Falschmeldungen und Verschwörungstheorien mehr Leser als die 20 reichweitenstärksten Nachrichtenartikel. So schafften es etwa die Fake News vom Feuertod eines FBI-Agenten, der als Teil der Anti-Hillary-Kampagne präsentiert wurde, bis auf Platz 5. Autor war Jestin Coler, der mit seiner Website National Report bis zu zehn solcher Geschichten am Tag erfand, die er mithilfe seiner 20 Mitarbeiter ins Netz stellte, um damit riesige Werbeerlöse zu erzielen, wie er später einer Journalistin beichtete.

Als Staat hat sich vor allem Russland mit seiner langen Tradition von «dezinformatsiya», die weit in die Zarenzeit zurückreicht, mit professionellem Engagement dieser Tätigkeit zugewandt. So werden gefälschte Informationen gezielt durch staatlich direkt oder indirekt kontrollierte Medien verbreitet, um politische Ziele zu erreichen, wie etwa die Beeinflussung der amerikanischen und französischen Präsidentschaftswahlen und der Unterminierung des Vertrauens in den demokratischen Prozess in den westlichen Ländern. Dabei operieren der TV-Sender RT und die Internet-Nachrichtenagentur Sputnik in Zusammenarbeit mit Bots und Fake-News-Profis, die bei wichtigen Themen Tausende von Nachrichten produzieren, die sie über Facebook oder Twitter verbreiten. Als Bots oder auch Social Bots bezeichnet man beispielsweise Fake-Twitter-Accounts, mit denen vorgegaukelt wird, dass es sich um eine reale Person handelt. Sie werden massenweise eingesetzt, um die öffentliche Meinung zu beeinflussen oder um ein spezifisches Thema zu behandeln. Eine erhöhte Glaubwürdigkeit wird auch dadurch erzielt, dass man frei erfundene Nachrichten mit gehackten mischt, etwa mit Mails von Hillary Clinton oder aus dem Hauptquartier der Demokratischen Partei.

Russland war und ist bei diesen Aktivitäten so erfolgreich, dass Donald Trump während des Wahlkampfs und sogar als Präsident russische Fake News aufgriff und per Twitter weiterverbreitete, was bei den professionellen Fälschern in Putins Reich extremste Glücksgefühle ausgelöst haben muss. Einer dieser aufgegriffenen Tweets wurde unter der Bezeichnung @WhiteGenocideTM ins Netz gestellt.

Emilio Ferrara, ein Forscher der University of Southern California, geht aufgrund seiner Untersuchungen davon aus, dass im Monat vor den Wahlen im Jahr 2016 etwa 20 Prozent aller Netznachrichten von Bots stammten. «Etwa 400 000 Accounts, die Tweets zu diesem Thema publizierten, waren gemäss unseren Forschungen ‹bots›», sagte Ferrara in einem Bericht der *Washington Post*.

Trumps Haltung, sich solche sensationell klingenden Inhalte aus dem Netz anzueignen, von denen er sich persönlichen Nutzen verspricht, ohne zuvor die Seriosität der Quelle und die Plausibilität der übernommenen Information zu prüfen, ist für eine Person in seiner Position ohne Beispiel. Wegen der Glaubwürdigkeit, die ein Präsident der USA bei Millionen seiner Anhänger geniesst, öffnet er damit selbst wildesten Verschwörungstheorien Tür und Tor. Da Trump trotz der Verbreitung einer Vielzahl solcher haarsträubenden Verschwörungstheorien und einem permanenten Strom von Lügen zum mächtigsten Mann der Welt werden konnte, wird dieses Verhalten wohl Schule machen und eine Unzahl von Nachahmern finden.

Die Desavouierung der traditionellen Medien («Fake News, Lügenmedien») ist eine zentrale Strategie von Vertretern extremer politischer Positionen, von üblen Geschäftsmachern und von Verschwörungstheoretikern jeder Couleur. Denn nur wenn sie ein Klima der Verunsicherung schaffen, haben sie die Möglichkeit, ihre abstrusen Thesen bei weiten Kreisen der Bevölkerung unterzubringen. Auf diesem Weg haben sie in den letzten Jahren in einer durch viele unerwartete Ereignisse erschütterten Öffentlichkeit grosse Fortschritte erzielt. Zusätzliche Unterstützung erhielten sie seit den Nullerjahren durch eine epochale technische Entwicklung: das Internet.

Ken Jebsen: «Sie müssen mir nicht den Holocaust erklären, ich weiss, wer ihn als PR erfunden hat.»
Foto: picture alliance, Felix Zahn

Das Internet als Brandbeschleuniger

Zwei unabhängige Ereignisse waren entscheidend für die gewaltige Renaissance von Verschwörungstheorien. Das eine ist das Internet, das sich nach der Einführung der ersten Browser Mitte der 1990er-Jahre zur wichtigsten Innovation der jüngeren Vergangenheit und damit zum Katalysator der digitalen Revolution entwickelte. Dank der später lancierten Social-Media-Plattformen wie Facebook, Youtube oder Twitter mit ihrem «user-generated content» explodierten die Nutzerzahlen ins Unermessliche. Das Internet wurde so zu einem ständig wichtigeren Element des Kommunikationssystems.

Und dann kam der 11. September 2001, der den zuvor schlummernden Verschwörungstheorien dank des kurz zuvor lancierten Megafons Internet zu einem gewaltigen Aufschwung verhalf.

Diese Gründe für die enorme Verbreitung von Verschwörungstheorien nennen die meisten Forschungsbeiträge der letzten 15 Jahre. Die Kombination einer neuen, unglaublich wirkungsvollen Verbreitungstechnologie mit einem sensationsträchtigen Ereignis erwies sich als geradezu explosiv.

Das Netz eignet sich als optimaler Katalysator des verschwörungstheoretischen Ansatzes, in dem dieser laufend mühelos radikalisiert werden kann. Oder wie Karen Douglas und Robbie Sutton in *Social Psychology* festhielten: «Das Internet wurde für Verschwörungstheorien gemacht: Es *ist* eine Verschwörungstheorie; eine Sache führt zu einer anderen und ein Link zu einem weiteren, und das leitet den Benutzer immer tiefer ins Nichts und ins Nirgendwo.»

Gemäss den Verschwörungstheoretikern sind die traditionellen Massenmedien wie Fernsehen und Presse «konstitutive Elemente und willfährige Werkzeuge der Verschwörung», wie John David Seidler in *Die Verschwörung der Massenmedien* schreibt. «Das historisch Neue an Verschwörungstheorien zum 11. September war zunächst die besondere Konstellation der parallelen Popularisierung des Internet.» Es gab nun also eine mediale Plattform, die unabhängig war vom «manipulierten» Mainstream der Massenmedien. Das Internet wurde von Verschwörungstheoretikern als ein neues, gegenüber Manipulationen resistentes Aufklärungsmedium verstanden und genutzt, das ihnen bei der weltweiten Verbreitung ihrer Botschaften zur Verfügung stand.

Daniele Ganser fordert seine Gemeinde ständig auf, die traditionellen Medien zu meiden und sich auf die von ihm empfohlenen Internetportale zu konzentrieren: «Die Hoffnung besteht, dass sich immer mehr Menschen von der Kriegspropaganda abwenden und dafür nicht mehr bezahlen», schreibt er in seinem ersten Beitrag für das im April 2017 lancierte Portal Rubikon, bei dem er auch im Beirat sitzt. Sein Beiratskollege, der Psychologe Rainer Mausfeld, schreibt, dass dieses Portal «neue Wege der intellektuellen Selbstverteidigung» aufzeige, um so der «permanenten Gehirnwäsche durch die Meinungs- und Erziehungsindustrie» zu trotzen.

Die Inhalte des Internets sind grundsätzlich für jedermann zugänglich. Dies eröffnet Verschwörungstheoretikern, die sich schon immer von den traditionellen Medien unfair behandelt sahen, zuvor nicht einmal theoretisch vorstellbare Möglichkeiten. Denn im Internet können selbst Dinge mit Leichtigkeit verbreitet werden, die absolut unsinnig sind. Durch die heute überall zugänglichen technischen Möglichkeiten, mit denen Bilder, Videos und Dokumente gefälscht werden können, ist es auch viel einfacher als je zuvor in der Geschichte, Verleumdungen und Lügen in die Welt zu setzen. Während es in früheren Zeiten Spezialwissen und besonderer Fertigkeiten bedurfte, um Dokumente zu manipulieren, damit diese einer breiten Öffentlichkeit zugänglich gemacht werden konnten, ist dies in Zeiten des Internets zu einem Kinderspiel geworden. Auch können mit gezielten Aktionen Likes und Abrufe erzielt werden, um auf diese Weise die gewünschte Präsenz und Bedeutung zu verstärken. Diese dunkle Seite dieses erst vor 20 Jahren geschaffenen globalen Instruments ist für Verschwörungstheoretiker deshalb ein unvergleichliches Geschenk, das sie sehr extensiv nutzen.

Giulia Silberberger, die den Negativ-Spasspreis «Der goldene Aluhut» lancierte, meint dazu: «Theorien, die früher höchstens an Stammtischen diskutiert wurden, finden heute durch das Internet ihren Weg in die Öffentlichkeit. Und da das Internet bekanntlich nichts vergisst, bleiben sie dort auch, und werden von Personen gelesen, die sonst keinen Kontakt mit diesen Theorien gehabt hätten.» Und der Historiker Rudolf Jaworski schreibt: «Der Online-Zugang zu einem kunterbunten Wort- und Bildsalat reizt von sich aus zur Herausbildung von Verschwörungstheorien, das heisst zur Suche nach dem heimlichen Sinn und der geheimen Steuerungszentrale in diesem unübersichtlichen Informationschaos.»

Bei den amerikanischen Präsidentschaftswahlen im Jahr 2016 wurden Verschwörungstheorien im Internet zu einem nie zuvor erlebten Faktor. Mit einem Einsatz von lächerlichen 100 000 US-Dollar gelang es russischen Troll-Farmen wie der Internet Research Agency in Sankt Petersburg, nicht weniger als 146 Millionen Amerikaner über Facebook und Instagram mit gezielten Falschinformationen zugunsten von Donald Trump bei ihrer Entscheidung zu beeinflussen. Erst Monate nach dem Wahltermin wurde das Ausmass dieser gewaltigen Manipulationskampagne erkannt, die zuvor von Facebook-Chef Mark Zuckerberg hartnäckig heruntergespielt wurde. Dies wird zu gesetzlichen Eingriffen in die bisher beinahe grenzenlose Freiheit im

Internet führen. So erklärte die kalifornische Senatorin Dianne Feinstein: «Ich vertrete die Tech-Community mit Stolz. Aber ihr kapiert es nicht. Das ist der Beginn der Cyber-Kriegsführung ... Ihr habt diese Plattformen gebaut. Jetzt werden sie missbraucht. Und ihr müsst etwas dagegen tun, sonst werden wir das erledigen.»

Durch die beinahe absolute Marktdominanz von Google im Bereich der Suchmaschinen nimmt diese Firma eine zentrale Rolle bei der Feinsteuerung im Internet wahr, und zwar vor allem durch die Wirkungsmechanismen ihrer Algorithmen. Denn es ist für die Aufmerksamkeit eines Netzbeitrags entscheidend, an welcher Position er beim Aufruf eines Begriffs placiert ist. Google kommerzialisiert diesen Mechanismus systematisch, indem man die vorderen Plätze nach einem ausgeklügelten Tarifsystem für einen definierten Zeitraum an interessierte Firmen verkauft. Dabei werden von Google die eigenen Angebote gegenüber denjenigen der kommerziellen Konkurrenz krass bevorzugt, was wegen dieser eklatanten Wettbewerbsverzerrung zu einer Rekordbusse von 2,4 Milliarden Euro durch die EU im Jahr 2017 führte.

Welche Algorithmen werden aber bei nichtkommerziellen Themen angewandt? Vieles deutet darauf hin, dass Verschwörungstheorien tendenziell gut abschneiden. Gemäss einer von René König und Erik Borra durchgeführten (und im Buch von John David Seidler zitierten) Studie dominierten verschwörungstheoretische Inhalte während mehrerer Jahre das Top-Ten-Ranking der Google-Suchergebnisse zum Schlagwort 9/11. Auch aufgrund der quantitativ messbaren Parameter in Form von Links, Klicks und Likes scheinen sich Verschwörungstheorien im Internet einer grossen Beliebtheit zu erfreuen.

Anhänger dieser Thesen machen auch sehr viel Gebrauch von partizipativen Strukturen wie Wikipedia, indem sie sich bemühen, ihre Sichtweisen in die Artikel einzubringen. Wer etwa einen Begriff wie «WTC-7» eingibt, erhält den Eindruck, dass die alternativen Thesen der Verschwörungstheoretiker relevanter bewertet werden als die wissenschaftlich abgestützten offiziellen Berichte. «Verschwörungstheoretiker könnten unter diesen Bedingungen schnell zum Schluss kommen, dass ihre Weltsicht eben nicht marginal ist, sondern von einer gesellschaftlichen Mehrheit geteilt wird», schreibt René König in *Konspiration*. «Entsprechend dürfte ihre Frustration darüber steigen, dass ihre Perspektive in der Regel nicht von etablierten Wissensautoritäten anerkannt wird. Dies muss zwangsläufig als anti-demokratisch aufgefasst werden.»

Das führte nach einer ersten Phase der totalen Begeisterung zu einem zunehmend ambivalenten und widersprüchlichen Verhältnis der Verschwörungstheoretiker zum Internet. So bezeichnet Ken Jebsen das Internet als «perfideres Massenmedium nach altem Muster». Er warnt in «Wie man sich embedded, so schläft man», dass die «digitale» Zukunft in Wahrheit das Potenzial habe, «die grösste Versklavungs-Methode der Menschheit zu werden». Diese und ähnliche Kritiken erfolgten vor allem nach den Enthüllungen des ehemaligen NSA-Mitarbeiters Edward Snowden im Jahr 2013, durch die das Internet seinen Status als antikonspiratives Gegenmedium teilweise einbüsste. Auch die Marktmacht von Google und seine von aussen nicht erkennbare Subjektivität bei der Gewichtung von Beiträgen wird von diesen Kreisen als Teil einer Weltverschwörung identifiziert.

Die Unzufriedenheit mit ihrer Präsenz im Internet scheint sich bei Verschwörungstheoretikern in jüngster Zeit massiv verstärkt zu haben. So beklagte sich Heiko Schrang im August 2017 im Internetportal Wallstreet:Online: «Auffällig ist jedoch, wie sich gleichzeitig die Suchergebnisse bei Google in den letzten Monaten verändert haben. Waren früher auch alternative Medien ganz vorne auf der ersten Seite zu finden, wozu auch einige Artikel von mir gehörten, sieht man heute bei vielen Themen fast nur noch Mainstreammedien und besonders häufig ARD und ZDF auf der Google ‹Top-Ten›. Dies passiert momentan ‹ganz durch Zufall› in einer Zeit, in der immer mehr gegen alternative Medien vorgegangen wird.» Tatsächlich gibt es einige Hinweise, dass Google im Frühjahr 2017 in seinem Kampf gegen politisch extreme Beiträge seine Algorithmen abgeändert hat.

Besonders heftig wird der Kampf um Wikipedia-Beiträge geführt. So wird etwa in dem von «KenFM» veröffentlichten Film *Zensur* aufgezeigt, dass die Wikipedia-Darstellung von Daniele Ganser aggressiv sei. Ganser selbst befindet, dass «Wikipedia als Werkzeug und Teil eines grösseren Netzwerkes zur politisch-ideologischen Manipulation missbraucht wird» – und somit eine weltweite Verschwörungsplattform sei. Ken Jebsen kritisiert Wikipedia in gleicher Tonalität. Als Beleg führt er etwa an, dass dort sein bürgerlicher Name mit Moustafa Kashefi angegeben werde, was falsch sei. Allerdings gesteht er im Buch *Der Fall Ken Jebsen,* dass er sich selbst mit diesem erfundenen Namen, einer falschen Bio und einem mit echtem Bild versehenen Artikel präsentiert habe. Seinen eigentlichen Namen hält er hingegen weiter geheim. Seine Begründung dafür ist, dass es ein «sehr langer iranischer Name» sei, «den die meisten Europäer und vor allem Behördenvertreter vollkommen falsch aussprechen» würden. Sein attraktiver Kunstname Jebsen sei übrigens der Name seines Grossvaters mütterlicherseits, der aus einer alten Handelsfamilie aus Dänemark stamme, während er seinen Vater als iranischen Waffenhändler beschreibt. Aber vielleicht ist dies alles nicht mehr als wohlfeiles Geflunker. Trotzdem hält ihn sein eigenes, sehr spezielles Verhalten in keiner Weise davon ab, Wikipedia heftig zu attackieren. Denn gemäss Jebsen ist bei der deutschen Wikipedia eine kleine Gruppe fanatischer Autoren am Werk, «die sich selber über die internen Wiki-Gesetze hinwegsetzen. Sie verteidigen ein Weltbild, von dem man meint, dass sie es eins zu eins aus dem Weissen Haus übernehmen, wie Mitglieder einer Sekte». Denn Sekten und Verschwörer sind – wie schon mehrfach erwähnt wurde – für Verschwörungstheoretiker immer die anderen.

Da das Internet für Verschwörungstheoretiker von existenzieller Bedeutung ist, treten sie dort in genau jener wenig zimperlichen Weise auf, die sie ihren Gegnern vorwerfen. Dies bedeutet, dass sich die Auseinandersetzung um die Lufthoheit in Sachen Medienpräsenz von den traditionellen Medien auf das grundsätzlich allen zugängliche Internet ausgeweitet hat. Und dort wird sie heute mit unverminderter Heftigkeit geführt.

David Icke: Die Reptiloiden beherrschen die Welt.
Foto: Dukas Presseagentur, Chris Balcombe

Immer extremer

In seinem Standardwerk *Psychologie der Massen* schrieb Gustave Le Bon, der Begründer der Massenpsychologie, im Jahr 1895: «Die reine, einfache Behauptung ohne Begründung und jeden Beweis ist ein sichres Mittel, um der Massenseele eine Idee einzuflößen. Je bestimmter eine Behauptung, je freier sie von Beweisen und Belegen ist, desto mehr Ehrfurcht erweckt sie.»

Im *Lexikon der Verschwörungstheorien,* in dem Hunderte auch der abstrusesten Verschwörungstheorien aufgelistet sind, erklärt der Autor Robert Anton Wilson: «Es gibt Tausende und Abertausende. Der menschliche Geist ist einfallsreich und kreativ, besonders wenn er sich Sorgen macht. ... Es ist einer der Grundzüge des Verschwörungsdenkens, dass die Leute nach Erklärungen für Dinge suchen, die sie nicht verstehen ... Und viele Erwachsene behalten diesen kindischen Geist – und damit auch den Hang, immer nach möglichst simplen Erklärungen zu suchen, nach jemandem, den sie für irgendein Übel verantwortlich machen können. Und das macht Verschwörungstheorien für diese Geister so attraktiv. Um eine etwas objektivere Erklärung dafür zu finden, warum die Dinge nicht so richtig laufen, braucht man vielleicht ein gewisses technisches, politisches, sozialwissenschaftliches Verständnis, aber über das verfügen die Leute normalerweise nicht – sie suchen einen Schuldigen.»

Neben den bereits beschriebenen Weltverschwörungstheorien gibt es auch solche, die für sich alleine stehen, um ein besonderes Ereignis zu erklären. Dazu gehört die These, dass Paul McCartney schon lange tot und bei den Beatles durch einen Doppelgänger ersetzt worden sei. Ein klarer Hinweis dafür sei der Schriftzug «OPD» auf dem Album *Sgt. Pepper,* der ein kanadisches Kürzel für «officially pronounced dead» («offiziell für tot erklärt») ist. Es können hier nicht alle dieser unsinnigen, teils brandgefährlichen Verschwörungstheorien aufgelistet werden. Ich beschränke mich hier auf die wichtigsten.

Etwa diese, dass der Aids-Erreger in einem amerikanischen Labor gezüchtet worden sei, um auf diese Weise Homosexuelle und schwarze Amerikaner zu dezimieren. Das Gerücht wurde 1985 in einem Artikel in der sowjetischen *Literaturnaya Gazeta* lanciert, in dem zudem behauptet wurde, es handle sich um einen Erreger, den die US-Armee in Fort Derrick als Teil ihrer Biowaffenforschung entwickelt habe. Diese Version nahm der DDR-Mediziner Jakob Segal in einem Interview im Jahr 1987 auf. Später wurde bewiesen, dass diese Falschinformation von der Stasi, dem DDR-Geheimdienst, initiiert worden war.

In Afrika gibt es eine grosse Zahl von Aids-Leugnern, die damit eine gefährliche Verschwörungstheorie verbreiten, weil sie Laien davon abhält, Schutzmassnahmen gegen Aids zu ergreifen und wirksame Medikamente gegen diese Krankheit einzunehmen. In Südafrika wird die frühere Regierung von Präsident Mbeki, die diese These während Jahren vertreten hat, für den Aids-Tod von Hunderttausenden Menschen mitverantwortlich gemacht.

Ähnliche Folgen hat die Verschwörungstheorie, dass gewisse Impfungen verantwortlich für Autismus seien. Lanciert wurde sie 1998 vom britischen Arzt Andrew Wakefield, der behauptete, dass die Kombinationsimpfung gegen Masern, Mumps und Röteln (MMR) unter anderem Autismus auslösen könne. Mehr als 30 Studien, die diese Frage untersuchten, widerlegten diese These. Es wurde festgestellt, dass geimpfte Kinder nicht häufiger an Autismus erkrankten als ungeimpfte. Masern können in manchen Fällen lebensbedrohende Lungen- und Hirnentzündungen zur Folge haben. Durch Impfungen konnte die Zahl der Erkrankungen zwischen 1980 und 2013 weltweit um über 95 Prozent reduziert werden. Trotzdem wird diese Verschwörungstheorie weiter fleissig im Internet verbreitet und findet immer neue Anhänger. Einer von ihnen ist Donald Trump, der 2014 in einem Tweet schrieb: «Ein gesundes junges Kind geht zum Arzt, wird mit einer massiven Ladung Impfstoffe vollgepumpt, fühlt sich nicht gut und verändert sich. AUTISMUS. Es gibt viele vergleichbare Fälle.» Besonderen Anklang fand diese These in der grossen somalischen Gemeinschaft im US-Bundesstaat Minnesota, in der 2017 eine eigentliche Masernepidemie ausbrach.

Holocaust-Leugner bedienen sich aus rein politisch motivierten Gründen einer Verschwörungstheorie, um wissenschaftlich belegte Fakten zu bestreiten. Ernsthafte Historiker lehnen einen Dialog mit ihnen ab, weil sie ihre Argumente nicht aufwerten wollen. Deborah E. Lipstadt erklärt in ihrem Buch *Betrifft: Leugnen des Holocaust*: «Man braucht seine Zeit nicht mit der Widerlegung jeder einzelnen Unterstellung der Holocaust-Leugner zu vergeuden. Es wäre eine Sisyphusarbeit, Argumenten begegnen zu wollen, deren Verfechter Befunde verfälschen, aus dem Zusammenhang herausgelöst zitieren und eine erdrückende Anzahl von Zeugnissen verwerfen, nur weil sie ihren Thesen entgegenstehen. Auf das Blendwerk ihrer Argumentationsweisen muss man reagieren, nicht auf die Argumente selbst. […] wichtiger als alles andere ist es, die Illusion einer rationalen Forschungsmethodik zu zerstören, hinter der sich ihre extremistischen Anschauungen verbergen.»

Besonders abwegig ist auch die Flat-Earth-Theorie, die bereits im 19. Jahrhundert aufgekommen ist. Die Theorie, dass die Erde eine Scheibe oder ein Kegel sei, an dessen Rand sich die Antarktis befindet, wurde auch nach dem Aufkommen der Raumfahrt nicht beerdigt. Ganz im Gegenteil wurde 1965 eine International Flat Earth Society gegründet, der sich nicht nur fundamentalistische Kreationisten anschlossen. Für die heutigen Vertreter dieser Theorie ist es nicht mehr Gott, der die Erde als Scheibe geschaffen hat, es wird vielmehr eine Verschwörung von Mächtigen vermutet, die darauf abzielt, das Geheimnis der flachen Erde zu hüten und die Massen zu blindem Glauben und absolutem Gehorsam zu erziehen. So sei die NASA eine Gruppe zionistischer Drahtzieher. Und die aus dem Weltall geschossenen Fotos der Erde seien Teil einer Gehirnwäsche. Damit mauserte sich diese abstruse These sogar zu einer weiteren Weltverschwörungstheorie.

Seit den 1990er-Jahren verbreitet sich im Internet die Verschwörungstheorie der «Chemtrails», gemäss der die Kondensstreifen der Flugzeuge (englisch «contrails») mit giftigen Chemikalien versetzt seien, um die Bevölkerungszahl zu reduzieren oder, in einer anderen Version, um die Umwelt zu manipulieren. Wissenschaftliche Messungen ergaben jedoch keine Hinweise auf die Existenz solcher Substanzen. Diese Studien werden jedoch von Vertretern dieser Hypothesen nicht überraschend als völlig unglaubwürdig abgelehnt. Ihrerseits können sie aber keine eigenen Untersuchungen vorlegen, die ihre Sicht stützen.

Abseitige Verschwörungstheoretiker werden oft als Menschen bezeichnet, die einen Aluhut (englisch «tinfoil hat») tragen, der angeblich gegen schädliche Strahlen schützen soll. Das Konzept stammt von Julian Huxley, der den Aluhut in seiner 1926 publizierten Geschichte *The Tissue-Culture King* eingeführt hat. Im Herbst 2015 wurde in Berlin der satirische Negativpreis «Der goldene Aluhut» für die durchgeknalltesten Verschwörungsthesen vergeben. Unter den ersten Preisträgern war der Sänger Xavier Naidoo, der bei einer Demonstration der rechtsextremen Gruppe der Reichsbürger aufgetreten war. Zudem gewannen der Kopp-Verlag, der Bücher aus der ganz rechten Ecke auf den Markt wirft, und Astro TV. Bei der zweiten Verleihung im Oktober 2016 «siegte» Ernst Köwing in der Kategorie Verschwörungstheorie allgemein. Er ist Autor des rechtsgerichteten und antisemitischen Blogs «Der Honigmann sagt ...». In einer öffentlichen Abstimmung setzte er sich gegen einen Youtube-Hit zum Thema Chemtrails durch. In der Kategorie Medien und Blogs gewann das *Compact Magazin* von Jürgen Elsässer, der oft als Redner bei Pegida-Demonstrationen aufgetreten ist. Das *Compact Magazin* richtet sich mit einer Mischung aus Antiamerikanismus, Klimawandel-Leugnung und antisemitischen Inhalten gegen die «Mainstream-Medien». Zu den Autoren gehören unter anderem Udo Ulfkotte und Ken Jebsen. Astro TV siegte wieder deutlich in der Kategorie Esoterik.

Es gibt keine zuverlässige Hitparade der heute beliebtesten Verschwörungstheorien mit der grössten Zahl von Anhängern. Sicher dazu gehören aber die angeblich inszenierte Mondlandung durch die Amerikaner, die Ermordung von John F. Kennedy, die Attentate vom 11. September und Lady Dianas Tod. Ebenfalls in dieser Kategorie sind der künstlich erzeugte HI-Virus anzusiedeln, dass King Elvis weiterhin lebt und die Behauptung, Microsoft-Gründer Bill Gates sei der Teufel. Als Grund dafür wird ein bestimmter Code angeführt, gemäss dem Gates Name in Ziffern 666 ergebe – also genau die Zahl des Teufels.

Einige der älteren Verschwörungstheorien haben sich über die Jahre besser gehalten als andere. Eine davon ist die Geschichte einer fliegenden Untertasse, die im Juli 1947 in Roswell abstürzte. Roswell ist ein Ort in der Wüste von New Mexico im Südwesten der USA, der zum Stichwort für die grösste Ufo-Verschwörungsdebatte aller Zeiten wurde. Es gab so viele Berichte über diesen angeblichen Zwischenfall, dass nach einer repräsentativen Umfrage von «The New York Times/Yankelovich» 65 Prozent der befragten US-Bürger an die Ufo-Version glaubten. Gemäss dieser habe die US-Regierung ein ausserirdisches Raumschiff und Leichen von Ausserirdischen gefunden, die sie versteckt halten würde. Der Streit über dieses Thema wurde über Jahrzehnte mit Wortmeldungen geführt, die immer erbitterter wurden. Andere Versionen wiesen auf einen japanischen Ballon hin, der sich seit Kriegsende herumgetrieben habe, oder dass es sich um geheime amerikanische Spionageballone gehandelt habe, mit denen man sowjetische Atomtests aufspüren wollte. In der Folge wurden viele Filme und Bücher zu diesem Thema veröffentlicht. Der Ort Roswell erlebte über Jahre einen gewaltigen Touristenboom, der zu einer bedeutenden Einkommensquelle für die Einwohner des Ortes wurde.

In eine ähnliche Schublade gehört «Area 51», die Verschwörungstheorie um ein riesiges militärisches Sperrgebiet in der Wüste von Nevada, das offiziell zur Entwicklung und Erprobung neuer Flugzeuge genutzt wird. Dort sollen Untersuchungen an toten oder lebenden Besatzungen abgestürzter ausserirdischer Objekte stattfinden. Mit diesen sollen auch geheime Verhandlungen über extraterrestrische Lebensformen stattfinden, lautet die Verschwörungstheoretiker-Version. In Filmstudios auf dem Gelände habe man zudem die Bilder der gefälschten Mondlandung gedreht, womit ein direkter Link zu einer zweiten, oft zitierten Verschwörungstheorie hergestellt wird. Eine grosse Zahl von Filmen und TV-Serien nahm dieses Thema auf, unter anderem die *Indiana Jones*-Trilogie, *Independence Day*, *Men in Black* und Serien wie *Akte X, Stargate, Die Simpsons*, hinzu kamen viele Videospiele. Damit ist Area 51 zu einem wichtigen Teil der amerikanischen Popkultur geworden.

Die Kunde von den Ausserirdischen, die uns besucht haben, wurde vor allem durch einen Schweizer Autor verbreitet, der mit seinen bisher 40 Büchern, die in nicht weniger als 32 Sprachen veröffentlicht wurden, eine Auflage von 70 Millionen erreicht hat. Erich von Däniken machte eine Koch- und Kellnerlehre, war anschliessend Steward auf einem Ozeandampfer und schaffte es bis hinauf zur Leitung eines Hotels in Davos. Doch dann geriet er in grösste Schwierigkeiten. Für seine Reisen hatte er sich auf unlautere Weise Kredite erschwindelt, weswegen er von einem Gericht zu dreieinhalb Jahren Gefängnis verurteilt wurde, von denen er zwei Jahre absitzen musste.

Kurz darauf schrieb er ein Buch über Ausserirdische, ein Thema, das ihn schon seit Jahren beschäftigte. 20 Verlage lehnten das Werk dieses Unbekannten ab. Doch sofort nach Erscheinen wurde *Erinnerungen an die Zukunft* ein internationaler Grosserfolg, der in den USA unter dem verkaufsträchtigen Titel *Chariots of the Gods* sogar eine Millionenauflage erzielte. Mit *Zurück zu den Sternen* und weiteren Büchern legte von Däniken zuverlässig nach. Seine These lautete: Er könne mit seinem Ansatz der sogenannten Prä-Astronautik belegen, dass Ausserirdische vor Urzeiten die Erde besucht haben. Diese Aussagen faszinierten eine weltweite Öffentlichkeit. Nicht nur sein Erstling wurde verfilmt, sondern es folgten TV-Serien bei Sat.1 in Deutschland, bei Channel 4 in Grossbritannien und bei ABC in den USA. Auch heute noch publiziert von Däniken Bücher und ist weiterhin unermüdlich auf Achse, um selbst im Alter von 82 Jahren Vorträge vor seinen begeisterten Anhängern zu halten.

Zum Beleg seiner These untersuchte von Däniken unter anderem die gewaltigen Erdfiguren in Nazca in Peru. Während er früher behauptet hatte, dass es sich um Landebahnen von Ausserirdischen handeln würde, revidierte er aufgrund von Untersuchungen von Wissenschaftlern später diese Aussagen. Nun erklärte er sie zu von Einheimischen gebauten Werken, die diese in der Hoffnung erstellt hätten, dass sie von den Göttern gesehen würden, damit diese auf die Erde zurückkehrten.

Als zentralen Beweis für seine These führt er eine Grabplatte in einem Tempel im mexikanischen Palenque an. Sie sei das Abbild eines der kleinen Raumschiffe, das nach seinem Abflug vom riesigen Mutterschiff, das die Ausserirdischen für ihre Reisen nutzten, zur Landung auf die Erde geschickt wurde. «Das behaupte ich nicht einfach so, das weiss ich aus der antiken Literatur. Aus dem Mutterraumschiff kamen kleinere Fahrzeuge, aus den kleineren Fahrzeugen noch kleinere und so weiter. Pakal sitzt in solch einem kleinen Teil», erklärte er in einem Interview mit Luzi Bürkli im *Bündner Tagblatt*.

Im Zentrum des Bildes sieht man tatsächlich die Gestalt eines Menschen in gebückter Haltung. Von Däniken glaubt in seinem Umfeld Düsen, Gaspedale und einiges mehr an technischen Installationen zu erkennen. Gemäss Historikern handelt es sich bei der Grabplatte aufgrund der identifizierten Hieroglyphen um Abbildungen des Maya-Königs Pakal auf seinem Weg in die Unterwelt.

Von Däniken bereiste pausenlos weitere Orte, wo er hoffte, auf zusätzliche überzeugende Beweise für seine These zu stossen. Zudem studierte er antike Schriften und fand dort überall vermeintliche Hinweise auf Ausserirdische, die die Erde besucht hatten. So etwa in der Bibel, in der der Prophet Henoch von einem vom Himmel kommenden Feuerwagen spricht. Oder in Teilen des indischen Epos Mahabharata. Daraus schloss er, dass es sich bei allen in diesen Werken beschriebenen Göttern um Ausserirdische handeln müsse.

Von Däniken berichtet auch von einer Anzahl geheimnisvoller Landkarten, die man zu Beginn des 18. Jahrhunderts im Topkapi-Palast in Istanbul gefunden habe. Besitzer sei Admiral Piri Reis gewesen, ein Offizier der türkischen Marine. Auf diesen Karten sei die Erde exakt dargestellt, wie man sie von einem Raumschiff aus sehen würde, das sich auf der Höhe von Kairo befunden habe. Sogar die Antarktis sei genau eingezeichnet, begeisterte sich von Däniken. Dies sei ein nicht zu widerlegender Beweis dafür, dass ausserirdische Wesen den Menschen vor langer Zeit Informationen zurückgelassen hätten.

Aber da gibt es einige bemerkenswerte Widersprüche. Erstens läge die Antarktis für ein Raumschiff über Kairo hinter dem Horizont und wäre deshalb nicht sichtbar. Und zweitens wurde das Kartenbündel nicht im 18. Jahrhundert gefunden, sondern im Jahr 1513 von Piri Reis gezeichnet, wie aus einer Randnotiz der Karte zu ersehen ist. Die Küstenlinien sind nicht korrekt dargestellt, sondern entsprechen dem Wissenstand des 16. Jahrhunderts, wie Thomas Grüter in *Freimaurer, Illuminaten und andere Verschwörer* schreibt. Der Hinweis auf Ausserirdische ist also entweder ein Produkt der Verblendung von Dänikens oder eine bewusste Täuschung zur Verteidigung seiner sachlich nicht haltbaren Thesen.

Seine Bücher veröffentlicht er seit Jahren im Kopp-Verlag, der vom ehemaligen Polizisten Jochen Kopp gegründet wurde. Dieser publizierte zu Beginn Bücher zu Themen wie Ufos, wandte sich aber zusehends rechtsextremen Verschwörungstheorien zu, und dies mit Titeln wie *Lügenpresse, Gekaufte Journalisten, Vorsicht Bürgerkrieg, Geheimakte NGOs* oder *Grenzenlos kriminell*. Von Däniken stört sich nicht daran, in diesem Umfeld zu stehen, wie er mir in einer TV-Sendung erklärte.

Als er mit seinen Büchern nach einigen Jahren eine längere Baisse erlebte, veröffentlichte er einen Roman, den er aber als Erlebnisbericht darstellte. Er handle von Ereignissen, die er 20 Jahre zurückgehalten habe, erklärte er bei Erscheinen. Es ist der Bericht einer Begegnung mit einem Ausserirdischen, den er spontan Tomy nannte. Tomy habe auf ihn wie eine Kopie von sich selbst als 22-Jähriger gewirkt, der sich in perfektem Schweizerdeutsch unterhalten konnte. Er habe sich auf einer Reise in Belutschistan zu ihm ins Auto gesellt und sich nach vier Wochen in Form einer Wasserlache verabschiedet. Er habe sich als Geschöpf eines Planeten des Vega-Systems vorgestellt, einem Ort, wo es weder Sex noch Liebe, weder Waffen noch Kleidung gebe. Auch seine Frau sei von Tomy begeistert gewesen, erzählte von Däniken einem Journalisten. Gegenüber dem *Sonntags-Blick* meinte sein mitgereister Sekretär: «Wir haben das tatsächlich erlebt, doch ich möchte in der Öffentlichkeit nicht darüber reden.»

Als ich Erich Däniken in einem TV-Interview auf Tomy ansprach, erklärte er, auch Jules Verne habe Science-Fiction-Bücher geschrieben. Auf meinen Einwand, ob er, wenn er zeitweise als Science-Fiction-Autor auftrete, nicht die Glaubwürdigkeit seiner Grundthese beschädige, wollte er nicht eingehen. Auf weitere ähnliche Fragen antwortet er jeweils entwaffnend: «Ich bin ein Phantast.» Und: «Die Götter lieben mich.»

Von Däniken ist überzeugt, dass die meisten Sichtungen von Ufos auf Fälschungen beruhen. Aber einige bezeichnet er als echt. In die TV-Sendung brachte er ein entsprechendes Video mit. Er sei sich sicher, dass die Ausserirdischen bereits unter uns seien und uns schonend auf weitere Landungen vorbereiten würden, um mit diesem Vorgehen auf der Erde keine Panik auszulösen. Auf meine Frage, von welchem Planeten im Universum diese Aliens zu uns kämen und wie sie die gewaltigen Distanzen von Millionen von Lichtjahren überwunden hätten, blieb er die Antwort schuldig. Und deshalb bleibt offen, ob von Däniken ein raffinierter Gaukler ist oder ob er an seine Thesen glaubt, nachdem er zufällig auf ein Thema mit unverhofft grosser Resonanz gestossen ist. Auf jeden Fall bewirtschaftet er sein Thema seither mit bewundernswerter Energie, viel Heiterkeit und enormem Erfolg.

Erich von Däniken liefert zudem eine besonders brisante Erklärung für den Besuch der Aliens auf der Erde. So ist er davon überzeugt, dass die menschliche Intelligenz nicht durch die Evolution entstanden sei, sondern durch Sex zwischen Ausserirdischen und weiblichen Menschenaffen. Diese brisante These wurde von anderen, weniger harmlosen und gutmütigen Zeitgenossen aufgenommen. Einer davon ist David Icke.

Icke, ein ehemaliger Fussballtorwart, moderierte nach seinem Karriereende die sehr erfolgreiche BBC-Sportsendung *Grandstand*. Im Anschluss an eine Reise nach Peru und mehreren Behandlungen durch einen esoterischen Heiler machte er spirituelle Erfahrungen und bezeichnete sich von nun als «Sohn Gottes». 1991 verkündete er dies in einer Talkshow bei BBC1. Gekleidet ganz in Türkis, einer Farbe, von der er glaubt, dass sie positive Energie ausstrahlt, sprach er öffentlich über drei Meter lange «lizards» (Eidechsen), die die Welt beherrschen würden, was ihm den Spott des anwesenden Publikums eintrug.

Doch das schien ihn eher noch zu beflügeln. Anknüpfend an die Ideen, die von Prä-Astronautikern wie Erich von Däniken vertreten werden, geht Icke davon aus, dass die Menschen nicht aufgrund der Evolution entstanden sind. Sie seien von Ausserirdischen erschaffen worden, die er Anunnaki nennt. Diese seien durch eine Kreuzung zwischen Menschen und ausserirdischen Reptiloiden gentechnisch geschaffen worden. Und diese heute noch existierende reptiloide Elite lasse die gemeinen Menschen als Sklaven für sich arbeiten. Icke verkündete zudem, dass diese globale Elite aus genetisch veränderten Reptilien ihre Form ständig verändern könne. Sie seien Pädophile, die Kinder opfern und wie Vampire deren Blut trinken würden. Auch der amerikanische Verschwörungstheoretiker Alex Jones verkündet diese These, etwa in einem Video, in dem er zudem erklärt, dass Hillary Clinton und Barack Obama nach Schwefel stinken würden.

Gemäss Icke will eine Organisation der Reptiloiden, die er mit dem seit 1785 verbotenen Orden der Illuminati identifiziert, eine neue Weltordnung errichten. Die Reptiloiden würden sich im Innern der Erde verstecken, um die Menschheit durch absichtlich ausgelöste Katastrophen zu erschrecken und damit zu kontrollieren. Die Anschläge vom 11. September 2001 in New York erklärte Icke als eine der Aktionen der Illuminaten, mit denen sie die von ihnen angestrebte New World Order (NWO) erzwingen wollten.

Einige dieser weltbeherrschenden Reptiloide sind gemäss David Icke George H. Bush, George W. Bush, Königin Elisabeth von England, Prinz Philip, Kris Kristofferson, Al Gore und das leitende Komitee der Bilderberg-Konferenzen. Da er sich in seinen Büchern auch auf die gefälschten *Protokolle der Weisen von Zion* bezieht, präsentiert er ein rechtsextremes Weltbild, bei dem der Begriff Reptiloide auch als Codewort für Juden verstanden werden kann, wie Jon Ronson in seinem Buch *Them* beschreibt, einem Erlebnisbericht über Reisen zu mehreren Verschwörungstheoretikern. Auch mit David Icke hat sich Ronson intensiv unterhalten. Für Icke seien die *Protokolle* kein Beweis für einen jüdischen Komplott, sondern eine Verschwörung der Illuminati in Form von Reptiloiden. «Juden sind nun Metaphern. Man braucht nicht mehr länger Jude zu sein, um jüdisch zu sein», beschreibt Jon Ronson diese komplexen, schwer nachvollziehbaren Konstruktionen von David Icke.

Icke war mit seinen Vorträgen und seinen Büchern enorm erfolgreich. 2006 sprach er in London während sieben Stunden vor 5000 Zuschauern und ausverkauften Rängen über Faschismus und Freiheit. Seine Website wird wöchentlich hunderttausendfach angeklickt. Damit ist er einer der erfolgreichsten Vertreter des Genres der rechtsextremen Verschwörungstheorien, denen er ökologische und esoterische Elemente beimischt.

Der Kulturhistoriker und Verschwörungsforscher Michael Butter meinte dazu in einem *Spiegel*-Interview, dass er Ickes Theorie nicht richtig verstanden habe, «aber dass David Icke, der prominenteste Vertreter des Reptiloiden-Mythos, ziemlich überzeugend auftreten» könne. «Ausserdem hat er etwas, was Verschwörungstheoretiker sonst nicht haben: Humor.» Dies stimmt nur bedingt. Als sich David Icke bei seinem ersten grossen Radio-Interview über die vielen Lacher im Publikum freute, meinte der Moderator: «Die lachen nicht wegen Ihnen, die lachen über Sie», was mit donnerndem Applaus quittiert wurde. Und so ist nicht geklärt, ob Icke selbst an seine Thesen glaubt oder er sie in Form einer Performance präsentiert. Oder ob er schlicht verrückt ist.

Dies alles zeigt, dass heute selbst Verschwörungstheorien, denen jegliche Logik abgeht, ein grosses, weltweites Publikum von Gläubigen erreichen können, wenn sie von einer eloquenten und charismatischen Person vorgetragen werden. Deshalb finden laufend neue, groteske Verschwörungstheorien eine riesige Gefolgschaft, die sich als verschworene Communities im Internet zusammenfinden.

Wer aber sind die Stars dieser Szene? Und welches sind die Eigenschaften, die sie für diese Tätigkeit benötigen? Der Beantwortung dieser Frage wenden wir uns nun zu.

Donald Trump: «Ich könnte mitten am Tag eine Person auf der Fifth Avenue erschiessen und würde keine Wähler verlieren.»
Foto: Keystone / DPA / Ron Sachs

Verschwörungstheoretiker-in-Chief

Seit dem Aufkommen des Internets und nach den Anschlägen vom 11. September haben Verschwörungstheorien massiv an Rückenwind gewonnen. Sie sind, wie bereits dargestellt, aus dem schmuddeligen Umfeld von Randgruppen bis in die Mitte der Gesellschaft vorgestossen und haben dort sowohl an Bedeutung als auch an Glaubwürdigkeit zugelegt. Und nun residiert ein Mann im Weissen Haus, der nach freiem Gutdünken Verschwörungstheorien verbreitet, wenn er sich davon persönliche Vorteile verspricht. Dieses Faktum wird weltweite Auswirkungen auf das Verhalten von Spitzenleuten haben, und zwar in allen Bereichen der Gesellschaft, die sich mit Bezug auf dieses prominente «role model» derselben Methoden bedienen werden, da diese in unserer heutigen Welt offenbar straflos und erfolgreich eingesetzt werden können.

Donald Trumps Charakterdefekte wurden und werden seit Längerem ausführlich beschrieben. Immer mehr Experten führen sein Verhalten auf eine schwere narzisstische Persönlichkeitsstörung zurück. Gemäss dem Klassifikationshandbuch psychiatrischer Störungen der Amerikanischen Psychiatrischen Vereinigung müssen mindestens fünf von neun Merkmalen für eine narzisstische Persönlichkeitsstörung vorhanden sein. Dies sind die neun Kriterien:

1. übertriebenes Selbstwertgefühl; die eigenen Fähigkeiten und Talente werden überhöht; es herrscht die Erwartung, von anderen selbst ohne aussergewöhnliche Leistungen als «etwas Besonderes» betrachtet zu werden;

2. ständiges Phantasieren über grenzenlosen Erfolg, Macht, Glanz, Schönheit oder ideale Liebe;
3. Ansicht, als Mensch etwas Besonderes und Einzigartiges zu sein und deshalb nur von Menschen mit höherem Status verstanden zu werden, weshalb man vorzugsweise mit anderen «besonderen» Menschen verkehren will;
4. ständiges Verlangen nach übermässiger Bewunderung;
5. Anspruchsdenken, das heisst, man hat eine masslose Erwartung an eine bevorzugte Behandlung oder setzt die automatische Zustimmung zu den eigenen Erwartungen voraus;
6. Ausbeutung zwischenmenschlicher Beziehungen, um dadurch die eigenen Ziele zu erreichen;
7. Mangel an Empathie, man kann nicht nachempfinden, wie andere fühlen;
8. Neidgefühle auf andere; gleichzeitig fühlt man sich von anderen beneidet;
9. arrogantes, überhebliches Auftreten.

Aus der Distanz und ohne die Möglichkeit einer persönlichen psychologischen Beurteilung diagnostizieren viele Experten, dass bei Donald Trump die meisten dieser neun Eigenschaften vorhanden zu sein scheinen, was auf eine extreme narzisstische Persönlichkeitsstörung hinweist. In Fachkreisen wird seit einigen Monaten selbst der mentale Gesundheitszustand des Führers der freien Welt ernsthaft diskutiert. Seine permanenten Lügen, seine ausgeprägte Eitelkeit und seine grenzenlose Schamlosigkeit sind jedenfalls Ausdruck einer zutiefst fragwürdigen Persönlichkeit, die aber einer ausgeklügelten Logik folgt. Ein integraler Teil dieser Charakterstruktur ist eine Lebensstrategie, bei der er auch nicht davor zurückschreckt, Verschwörungstheorien zu verbreiten, wenn er sich davon Vorteile verspricht. Mit diesem Vorgehen zielt Trump vor allem auf die Kerngruppe seiner Anhänger, und dort in erster Linie auf die von ihm besonders umworbenen «vergessenen Frauen und Männer», von denen passenderweise überdurchschnittlich viele an Verschwörungstheorien glauben, wie eine Umfrage der *Washington Post* belegt.

Personen mit einem hohen Grad an Narzissmus greifen mit Vorliebe zu Verschwörungstheorien, wenn sie Rückschläge zu verkraften haben, erklärt Dan McAdams von der Northwestern University, der im Magazin *The Atlantic* auch eine entsprechende Ferndiagnose über Donald Trump veröffentlicht hat. Wenn die Überlegenheitsgefühle eines Narzissten verletzt werden, sucht er immer nach dafür Schuldigen. Er glaubt in solchen Situationen jeweils, dass andere gegen ihn konspirieren, weil er jeden Angriff auf seine Person in dieser Weise interpretiert. Genauso verhält sich der aktuelle Präsident der Vereinigten Staaten.

Eine wirkungsvolle Methode, mit der Verschwörungstheorien erfolgreich verbreitet werden können, ist die Verunglimpfung der zentralen Institutionen, zu denen das Parlament, die Justiz, die Regierung und die Medien gehören. Donald Trump hat dazu die entsprechenden Stichworte geliefert. So hat er versprochen, den nicht näher definierten «Sumpf» in Washington auszutrocknen, und hat das Ganze mit einem übersteigerten Nationalismus («America First») verbunden. Damit hat er bei Leuten mit den oben beschriebenen Eigenschaften den Glauben verstärkt, dass sie allesamt Opfer einer gewaltigen Verschwörung durch die korrupte «Elite» geworden sind. In seinem aktuellen Bestseller *Hillbilly-Elegie* beschreibt J. D. Vance, wie die weisse Unterschicht in den Rostgürtel-Staaten einhellig für Trump gestimmt hat, weil sie seinen Tiraden über die angeblich räuberischen Chinesen und die Unfähigkeit der Obama-Regierung Glauben geschenkt hat. Sie sind also von Trump darin bestärkt worden, dass sie nicht aus eigenem Unvermögen, sondern allein aufgrund einer gewaltigen Verschwörung zu Verlierern geworden sind.

Bereits Trumps Einstieg in die Politik erfolgte im Dunstkreis einer von ihm erfundenen Verschwörungstheorie. So war er während Jahren der Anführer der sogenannten Birther-Kampagne, mit der er behauptete, Barack Obama sei im Ausland und nicht in den USA geboren worden. Da die Geburt in den USA eine unabdingbare Voraussetzung für die Übernahme des Amtes des Präsidenten ist, war dies eine faktische Delegitimation des ersten schwarzen Präsidenten, dem wegen seines zweiten Vornamens «Hussein» gleichzeitig unterstellt wurde, dass er heimlich Moslem sei. Selbst als Obama seine Geburtsurkunde vorlegte, gemäss der er in Hawaii geboren ist, gab Donald Trump nicht klein bei. Er blieb trotz aller unwiderlegbarer Fakten bei seiner Lüge, weil er erkannt hatte, dass diese Verschwörungstheorie mit rassistischen Untertönen bei weiten Teilen seiner potenziellen Wählerschaft Anklang fand. Erst kurz vor den Wahlen 2016 gestand er während einer Pressekonferenz ein, dass Obama tatsächlich in den USA geboren sei, ohne sich gleichzeitig für seine jahrelange gezielte Verleumdungskampagne zu entschuldigen. Er hatte sein Ziel erreicht und wusste, dass bei vielen Menschen einiges von dem hängengeblieben war, was er über Jahre mit vielen erfundenen Details und blumigen Erklärungen verkündet hatte.

Während des Wahlkampfs, in dem Donald Trump in den Umfragen über lange Zeit deutlich in Rücklage war, begründete er diesen für ihn unerfreulichen Umstand mit einem von seinen Gegnern manipulierten System, das ihm seine Siegeschancen mit illegalen Mitteln zunichtemachen würde. «The system is rigged» («das System ist manipuliert»), wiederholte er mantramässig an jedem seiner Wahlauftritte, um seine Anhänger zusätzlich aufzustacheln und auf das scheinbar Unvermeidliche vorzubereiten. Ohne jeden Beweis behauptete er also, zur Verhinderung seiner Wahl sei eine gewaltige Verschwörung gegen ihn im Gange. Bei einer Veranstaltung in Ohio drei Wochen vor dem Wahlgang erklärte er: «Ich werde das Resultat vollständig akzeptieren», um nach einer theatralischen Pause mit maliziösem Lächeln und unter dem Jubel seiner Fans anzufügen, «wenn ich gewinne!»

Mit dieser in der amerikanischen Geschichte beispiellosen Aussage legte er die Basis für sein Verhalten im Fall der zu jenem Zeitpunkt zu erwartenden Niederlage. Im Klartext: Er würde – anders als alle früheren unterlegenen Kandidaten bei Präsidentenwahlen – bei einem Sieg von Hillary Clinton weder seiner Konkurrentin gratulieren noch das Wahlresultat akzeptieren. Und gemäss seinen vielfachen Aussagen würde er das korrupte System für seine Niederlage verantwortlich machen und Massnahmen seiner Anhänger initiieren, um den Protest gegen diese grässlichen Machenschaften zu befeuern. Da Menschen wie Trump nichts mehr verabscheuen als zu verlieren, sind sie bei einem für sie unangenehmen – und damit aus ihrer Sicht ungerechten – Ereignis sofort bereit, auf die dafür Schuldigen und Verantwortlichen zu zeigen. Es wird von Fachleuten angenommen, dass Trump bei einer Niederlage seine glühendsten Anhänger mit dieser Argumentation angestachelt hätte, was zu Unruhen in einem nicht vorhersehbaren Ausmass hätte führen können.

Aber dann gewann er die Wahl am 8. November 2016. Er holte sich eine klare Mehrheit bei den Elektoren, aber Hillary Clinton sicherte sich beinahe drei Millionen mehr Stimmen. Das «popular vote» ging also überdeutlich an seine Konkurrentin, weshalb seinem Sieg das so sehnlichst erhoffte «Mandat» der Bevölkerung für die von ihm angekündigten tektonischen Veränderungen der amerikanischen Politik fehlt. Diese narzisstische Kränkung wollte Trump nicht hinnehmen, weshalb er als weitere Verschwörungstheorie in die Welt setzte, dass drei bis fünf Millionen Illegale Hillary Clinton gewählt hätten. Für diese Aussage lieferte er nicht den Hauch eines glaubwürdigen Belegs. Er stützte sich allein auf die Aussage eines völlig unglaubwürdigen Zeugen namens Gregg Phillips, der eine solche These im Internet publiziert hatte. Ungerührt verbreitete Trump – nun in seiner Funktion als Präsident – diese massiven Anschuldigungen gegen die Grundlagen des amerikanischen Wahlsystems auch noch Monate später, ohne je einen Beweis zu liefern. Im Gegenteil legte er, als die Medien immer wieder Fakten forderten, noch eine Schippe drauf und kündigte an, er werde diese Vorwürfe mittels einer offiziellen Untersuchung durch den Kongress prüfen lassen, was er später auch tat – was bisher allerdings kein Ergebnis im Sinn von Trump brachte.

Auch behauptete Trump in seinen Reden immer wieder, dass die aktuelle Kriminalitätsrate in den USA höher sei als je zuvor, obwohl sie in Wahrheit einen Tiefpunkt erreicht hatte, wie es alle staatlichen Statistiken auswiesen. Dies war nur eine von vielen nachweisbaren Lügen. Davon liess sich Trump nicht im Geringsten beeindrucken. Denn der geübte Fabulierer wusste instinktiv, dass wegen der enormen Kadenz seiner Lügen jede einzelne Verschwörungstheorie im immer schnelleren News-Zyklus schnell in Vergessenheit geraten würde, was auch tatsächlich geschah und weiter geschieht. Dabei zählt er zusätzlich darauf, dass Elemente seiner Falschinformationen bei seinen feurigen Anhängern hängen bleiben, weil die Gegenbeweise durch die von ihm verunglimpften und damit bei seinen Fans absolut unglaubwürdigen Fake-News-Medien erbracht werden. Die ihm gewogenen Medien – allen voran Fox News – schlagen sich in jedem Punkt auf seine Seite oder gehen auf die für ihn oft peinlichen Themen schlicht nicht ein. Und damit erreicht Trump sein eigentliches Ziel selbst mit den irrsten Behauptungen.

Schlechte Verlierer hat die Welt schon unzählige erlebt, aber noch nie einen so schlechten Gewinner wie Donald Trump. Obwohl er mehr erreicht hatte, als er sich bei seiner schwachen Ausgangslage realistischerweise hatte vorstellen können, war auch seine Wahl zum mächtigsten Mann der Welt nicht genug für ihn. Für Menschen mit den Charakteristika von Trump kann gar nichts je genug sein, um sie voll zufriedenzustellen. Und deshalb schreckte Trump selbst vor den plumpsten Lügen nicht zurück, um sich permanent in einem noch gleissenderen Licht darstellen zu können.

So erklärte er bei seiner ersten Pressekonferenz als Präsident, dass seit Ronald Reagan kein anderer Präsident einen so klaren Sieg im Elektorenkollegium erreicht habe wie er. Ein Journalist wies ihn an Ort und Stelle mit der Präsentation der Fakten zurecht: Die entsprechenden Werte von Clinton (zweimal), George H. Bush (einmal) und Barack Obama (zweimal) waren alle besser als bei ihm. Stammelnd meinte darauf Trump, er habe sich nur auf republikanische Präsidenten bezogen, aber auch diese Notlüge half nicht, weil auch sie schlicht falsch war. Schliesslich meinte er kleinlaut: «Man hat mir diese Daten gegeben» – also Fakten, die innerhalb von Sekunden von jedermann im Internet überprüft werden können, um dann mit einem schnellen Übergang zu einem völlig anderen Thema von seinem offensichtlichen und öffentlichen Fauxpas abzulenken. Diese Taktik wendet er regelmässig an, wenn sich die News-Situation nicht in seinem Sinn entwickelt.

Bereits am Tag nach seiner Amtseinführung kämpfte Trump gegen eine schlimme narzisstische Kränkung. So liess er durch seinen Pressesprecher, Sean Spicer, verbreiten, dass nie zuvor in der Geschichte so viele Menschen einer solchen Zeremonie beigewohnt hätten. «This was the largest audience to ever witness an inauguration, period, both in person and around the globe», liess er seinen willfährigen Lügenknecht verkünden, der sich damit bereits am ersten Tag im neuen Job auf Geheiss seines Chefs zum Affen machen musste. Als Beweis führte Spicer sogar Zahlen an, etwa die Benutzung der öffentlichen Verkehrsmittel an jenem Tag. Doch diese erwiesen sich als komplett falsch. Bei der Trump-Vereidigung wurden die Washingtoner Verkehrsmittel von 570 000 Personen genutzt, bei Barack Obamas erster Vereidigung waren es 1 100 000. Und dann wurden Bilder von staatlichen Instanzen publiziert, die überdeutlich belegten, dass

Obama 2009 etwa doppelt so viele Menschen angezogen hatte wie Donald Trump 2016. Selbst diese unwiderlegbaren Beweise hielten Trump nicht davon ab, die Medien der Lüge in Form einer gegen ihn gerichteten Verschwörung zu bezichtigen. Die meisten Beobachter fragten sich, weshalb er eine solche Behauptung ständig wiederholte, die den auch optisch eindeutig dokumentierten Fakten so glasklar widersprach. Die Antwort darauf lautet wohl, dass er eben keine Form der Kränkung und Zurücksetzung hinnehmen kann, sondern unweigerlich zurückschlägt.

Zu Beginn seiner Kampagne erklärte Trump in einer Rede: «Ich könnte mitten am Tag eine Person auf der Fifth Avenue erschiessen und würde keine Wähler verlieren.» Dies heisst im Klartext: Meine Anhänger stehen hinter mir, selbst wenn ich ein überführter Mörder wäre. Ich kann mir alles, wirklich alles erlauben. Nichts kann die Zuneigung meiner Anhänger erschüttern. Und so verhält sich Trump seither und verbreitet pausenlos Lügen und Verschwörungstheorien, weil er weiss, dass er keine Sanktionen seiner Basis befürchten muss. Diese blinde Heldenverehrung eines Politikers durch Millionen von Menschen in der wichtigsten Demokratie der Welt ist historisch ohne Beispiel.

Viele seiner Verschwörungstheorien, wie die Behauptung von drei bis fünf Millionen illegalen Wählern oder die angeblichen falschen Berichte der Medien über die Zahl der Anwesenden bei seiner Amtseinsetzung blieben im Kern groteske und leicht widerlegbare Lügen, die er seinen Gegnern ohne jeden Beweis servierte. Viel gefährlicher sind seine Äusserungen, mit denen er echte Verschwörungen erfindet, bei denen selbst schwerwiegende Gesetzesbrüche vorgekommen sein sollen. So tweetete er am Samstag, dem 4. März 2017 ab 6.35 Uhr in mehreren Portionen von je 140 Zeichen, dass er während des Wahlkampfs von Präsident Obama im Trump Tower abgehört worden sei. Seine Anschuldigungen reicherte er mit direkten Hinweisen auf die

Watergate-Affäre und die Machenschaften der McCarthy-Zeit an. Und seinen Amtsvorgänger Barack Obama bezeichnete er gar als «bad (or sick) guy».

Barack Obama liess dies sofort durch einen Sprecher dementieren, der darauf hinwies, dass Obama während seiner Amtszeit keinen einzigen amerikanischen Bürger ohne gerichtliche Erlaubnis abhören liess, weil dies ein krimineller Akt gewesen wäre. Der ehemalige Geheimdienstchef James Clapper bestätigte dies bei einem öffentlichen Hearing, und eine von Trump geforderte parlamentarische Untersuchung förderte nichts anderes zutage. Doch Trump liess nicht locker. So wie er jahrelang und entgegen klarer Beweise behauptet hatte, dass Barack Obama nicht legal zum Präsidenten gewählt worden sei, weil er in Wirklichkeit im Ausland geboren sei, blieb er bei seiner Aussage, dass es eine solche Abhör-Verschwörung durch seinen Vorgänger gegen ihn gegeben habe, um ihm im Wahlkampf Schaden zuzufügen.

Sein Pressesprecher Sean Spicer musste in seinen täglichen Pressebriefings auf Fragen von Journalisten immer abenteuerlichere Thesen zu diesen Vorwürfen vortragen. So behauptete er einmal, dass es in Wirklichkeit der englische Geheimdienst gewesen sei, der Trump in seinem Trump Tower abgehört habe, und dieser habe die Daten an Obama weitergereicht. Als Quelle wurde ein Mitarbeiter von Trumps Lieblingssender Fox News genannt. Fox News dementierte jedoch für einmal umgehend. Es handle sich nur um unbestätigte Gerüchte, und das Weisse Haus entschuldigte sich zähneknirschend bei Theresa May für die Falschaussagen.

Ohne glaubwürdige Quellen und entgegen den Untersuchungen des Kongresses und der Geheimdienste hatte Trump also einen der engsten Alliierten verärgert, um seine Verschwörungstheorie gegen Barack Obama am Köcheln zu halten, die auch seither keine Bestätigung gefunden hat.

Donald Trump kritisierte wiederholt, und zwar aufs Schärfste, seinen Vorgänger und befreundete Regierungschefs wie Angela Merkel. Umgekehrt gibt es keine Aussagen von ihm, mit denen er Diktatoren oder autoritäre Staatsführer negativ beschreibt. Dies betrifft nicht nur seinen Liebling Wladimir Putin, sondern ebenso Leute wie Recep Erdogan und Rodrigo Duterte. Dies sind für ihn starke und mächtige Persönlichkeiten, und genau so sieht er sich selbst. Ihnen fühlt er sich deshalb instinktiv stark verbunden und schätzt sie offensichtlich mehr als Staatschefs, die demokratische Prinzipien und die Kontrolle durch eine freie Medienlandschaft hochhalten. Es besteht also ein offensichtlicher Zusammenhang zwischen seinem Umgang mit Verschwörungstheorien und seiner Meinung über Führer, die zur Erhaltung ihrer Macht die freie Meinungsbildung und die Menschenrechte massiv einschränken.

Noch viel gravierender als die hier geschilderten Ereignisse sind die Verschwörungstheorien ideologischer Art, die im Weissen Haus Eingang gefunden haben. Mit diesen können Menschen in Machtpositionen, die sich in einer von ihnen selbst geschaffenen postfaktischen Welt bewegen, unglaublich viel Unheil anrichten. Und genau dies findet zurzeit statt.

In einem seiner letzten Wahlkampfvideos erklärte Kandidat Trump zu Bildern des Finanziers George Soros, der Chefin der US-Nationalbank Janet Yellen und von Lloyd Blankfein von Goldman Sachs, die alle drei jüdisch sind: «Die Leute an den Schalthebeln der Macht in Washington und diejenigen mit ihren speziellen globalen Interessen sind im Boot mit Leuten, die nicht das Gute für euch im Auge haben.» Für Beobachter bediente er damit die klassischen antisemitischen Muster einer jüdischen Weltverschwörung, die seit den gefälschten *Protokollen der Weisen von Zion* von rechtsextremen Kreisen verbreitet werden. Und Steve Bannon, sein früherer Strategiechef und seinerzeit enger Vertrauter, verunglimpfte Anhänger der

Globalisierung, die seiner Meinung nach zur grössten Gefahr der Nation seit dem Fall des Kommunismus geworden seien. Trumps Wahlsieg wurde deshalb von der äussersten Rechten als eine gewaltige Niederlage der Globalisierungs-Verschwörung gefeiert. Dass sich Trump nach seiner Wahl mit einer grösseren Zahl von ehemaligen Bankern von Goldman Sachs umgab, belegt seinen grenzenlosen Opportunismus. Denn Leute, die viel Geld gemacht haben, bewundert er über alle Massen. Ihnen fühlt er sich sehr verbunden, und er geniesst und schätzt ihre Präsenz.

Sowohl Donald Trump als auch Steve Bannon werden seit Jahren vor allem vom Milliardär Robert Mercer und seiner Tochter mit beträchtlichen Millionenbeiträgen unterstützt. Der öffentlichkeitsscheue Mercer ist selbst ein Verschwörungstheoretiker. So hat er gegenüber seinen ehemaligen Arbeitskollegen bereits 1993 erklärt, dass Bill Clinton Teil einer Drogenoperation sei, die er zusammen mit dem CIA leite. Auch habe Mercer Jahre später wiederholt behauptet, dass die Clintons ihre Gegner ermorden würden, wie der renommierte *New Yorker* berichtete.

Donald Trump, der in seinem Leben die Parteizugehörigkeit nicht weniger als sieben Mal gewechselt hat, besitzt kein festes ideologisches Fundament, sondern verhält sich vorwiegend opportunistisch. So änderte er etwa seine jahrzehntelange liberale Haltung in der in den USA besonders hitzig geführten Abtreibungsdebatte, um sich im Präsidentschaftskampf die Stimmen aus dem rechten evangelikalen Lager zu sichern. Auch bei anderen Themen hat er, ohne mit der Wimper zu zucken, seine Meinung radikal geändert, wenn er sich davon Vorteile versprach. Diese Beliebigkeit und Sprunghaftigkeit äussert sich auch bei seinem Einsatz von Verschwörungstheorien. Diese benutzt er meist, um sich vor allem persönliche Vorteile zu verschaffen, wie in diesem Kapitel beschrieben wurde. Selbst vor extremen, ideologisch begründeten Verschwörungstheorien schreckt er nicht zurück, wenn er glaubt, auch sie zur Förderung seiner Ambitionen nutzen zu können. Dabei greift er vorwiegend auf Thesen von ganz rechts zurück, die ihm sein ehemaliger Strategiechef Steve Bannon mundgerecht serviert. Je mehr er aufgrund von katastrophalen Umfrageergebnissen unter Druck gerät, desto stärker wird er sich auf den extremen Kern seiner Anhänger, also von Rechten und Rechtsextremen, zubewegen. Dies schliesst auch die Exkulpation von deklarierten Neonazis, von «white supremacists», also den Verherrlichern der weissen Rasse und des Ku-Klux-Klans, mit ein, wie Trump nach Aufmärschen dieser Gruppen im letzten Jahr deutlich machte.

Trump greift natürlich auch in anderer Form auf das unvermeidliche Verschwörungstheoretiker-Narrativ zurück. Dieses beinhaltet, dass immer die anderen die Verschwörungstheoretiker sind. Da Leute wie er darin geübt sind, Verschwörungstheorien zu erfinden oder zu verbreiten, gehen sie davon aus, dass alle anderen sich ihnen gegenüber ebenso verhalten. So verhalten sich pathologische Lügner – und Trump ist einer von ihnen. Sie nehmen an, dass alle Menschen Lügner sind und dass sie deshalb raffinierter, schneller und schamloser lügen müssen, um den ganz grossen Erfolg einheimsen zu können. Ihr ganzes Denken wird von diesem Denken beherrscht. So bezeichnete Trump die komplexen Recherchen über die Russland-Kontakte seiner Kampagne reflexartig als nichts weniger als «die grösste Hexenjagd der Geschichte», also als eine besonders üble, verachtenswerte Verschwörung gegen ihn, seine Regierung und seine Familie. Und an dieser Haltung hält er eisern fest, auch wenn die durch die verschiedenen Untersuchungskommissionen vorgelegten Beweise je länger desto mehr das Gegenteil beweisen.

In seinem Buch *The Art of the Deal* hat ihn sein Ghostwriter so zitiert, dass er die Wahrheit bewusst verdrehe, wenn es ihm nütze. «Die Leute wollen glauben, dass etwas das Grösste und das Beste ist. Ich nenne dies eine ehrliche Übertreibung *(truthful hyperbole)*. Es ist eine unschuldige Form von Überspitzung – und eine sehr effektive Form der Promotion der eigenen Person.»

Der Autor Sam Roberts beschrieb das Vorgehen von Trumps Mentor, dem schmierigen und kriminellen Anwalt Roy Cohn, das von seinem Ziehsohn punktgenau übernommen wurde: 1. Geh nie auf einen Vergleich ein, ergib dich nie. 2. Gegenangriff, sofortige Gegenklage. 3. Was immer auch passiert, wie schlimm auch die Situation ist, in die du dich begeben hast, du erklärst dich immer zum Sieger und erklärst nie, dass du verloren hast.

Noch sind die langfristigen Auswirkungen der Trumpschen Verschwörungstheorien auf die amerikanische Politik und Gesellschaft nicht absehbar. Ein früher marginalisiertes Verhalten kommt nun offiziell aus dem Weissen Haus. Dies kann zu grösseren gesellschaftlichen und politischen Erschütterungen führen, denn das Beispiel der von ganz oben ausgelösten oder legitimierten Verschwörungstheorien dürfte Schule machen. Im Oktober 2017 erklärte ein sehr besorgter George W. Bush in seiner ersten Grundsatzrede nach der Wahl von Donald Trump: «Unsere aktuelle Politik ist durch Verschwörungstheorien und die Existenz von regelrechten Lügenmärchen geprägt.» Nie zuvor hatte ein früherer Präsident eine solch krasse Wortwahl über einen Chef im Weissen Haus verwendet – und dazu noch in Bezug auf einen Nachfolger aus der eigenen Partei. Nur ein frühes und schmähliches Ende der Präsidentschaft von Donald Trump könnte eine epidemieartige Verbreitung dieser verhängnisvollen Entwicklung eingrenzen.

Die Frage stellt sich, wie es Trump geschafft hat, gleichzeitig Präsident der USA und einer der führenden Verschwörungstheoretiker der Welt zu werden. Eine Antwort dazu liefert das nächste Kapitel.

Alex Jones: «Donald Trump und ich sind zwei Heilige desselben Zeitgeists.»
Foto: www.infowars.com

Die Stars

Es sind mehrere Ingredienzen, die für die massive Ausbreitung von Verschwörungstheorien verantwortlich sind. Dazu gehört das aktuelle Klima der gesellschaftlichen und politischen Unsicherheit. In solchen Zeiten haben Verschwörungstheorien schon in der Vergangenheit floriert. Ebenfalls von herausragender Bedeutung waren das Aufkommen des Internets und das Schockerlebnis von 9/11. Aber es gibt ein zusätzliches Element, das nicht übersehen werden sollte: die kommunikative Kraft der führenden Köpfe dieser Szene. Die notwendigen Eigenschaften für die erfolgreiche Übernahme einer bedeutenden Rolle in der Welt der Verschwörungstheoretiker sind Talent, Charisma, Eloquenz, Extrovertiertheit und eine gehörige Portion Kaltschnäuzigkeit und Schamlosigkeit. Die letzteren Eigenschaften sind deshalb besonders wichtig, weil man in einer solchen Funktion nicht nur bereit sein sollte, sich der heftigen Kritik durch die Aussenwelt zu stellen, man muss diese durch extrem provokatives Auftreten sogar gezielt herausfordern, um auf diese Weise die ersehnte, grösstmögliche Aufmerksamkeit für die eigene Person und Sache zu erzielen.

Es gibt vor allem eine Branche, in der viele dieser hier beschriebenen Eigenschaften Voraussetzungen für eine erfolgreiche Tätigkeit sind: die Medien, und dies in erster Linie Radio und Fernsehen mit ihren emotionalen Reality-TV-Sendungen und Talkshows. Genau dort haben erstaunlich viele der heutigen Verschwörungstheoretiker-Stars ihre Sporen abverdient. Dank der in den Medien gemachten Erfahrungen waren sie in ihrer späteren Tätigkeit erfolgreich.

Das Paradebeispiel ist natürlich Donald Trump. Bereits in jungen Jahren konnte Trump als Lieblingsobjekt der New Yorker Boulevardpresse Erfahrungen mit den Mechanismen der Medien sammeln. Er manipulierte diese Blätter während langer Zeit nach Belieben, und dies gab ihm das Gefühl jener Überlegenheit, die er später benötigte, um auch die allerletzten Grenzen zu sprengen. So lieferte er bekannten Klatschjournalisten unter dem falschen Namen John Miller telefonische Indiskretionen über Donald Trump, um die Berichterstattung über seine Person direkt zu steuern. Er teilte ihnen sogar negative Details über sein skandalträchtiges Privatleben mit, weil er erkannt hatte, dass er seinen Bekanntheitsgrad auch mit solchen Geschichten weiter steigern konnte, ohne dass ihn dies nachhaltig beschädigen würde. Damit vergrösserte er seinen Mythos und wurde zu einer Person, für die alle der üblichen Regeln nicht mehr zu gelten schienen. Er verschaffte sich also schon früh Erfahrungen als Objekt und als Zuträger der Medien und konnte so ihre Mechanismen von ganz nahe erlernen und durchschauen.

Larry King, der berühmteste TV-Talkmaster der Welt, beschrieb Donald Trumps Verhalten in einem *Weltwoche*-Interview so: «Er will dauernd im Fernsehen kommen. Niemand, ich sage niemand, war einfacher für meine Show zu buchen als Trump. Schlechte Presse ist ihm egal. Sein Ziel ist es, auf die Titelseite zu kommen. Und er lügt die ganze Zeit. Er behauptet, seine Auftritte bei mir hätten die besten Ratings gehabt. Blödsinn. Er war nie weiter vorne als auf Platz 15.»

2004 wurde Trump beim amerikanischen TV-Netzwerk NBC Moderator der sehr erfolgreichen Reality-TV-Sendung *The Apprentice*, mit der er sich in den folgenden zehn Jahren eine landesweite Bekanntheit und Beliebtheit sicherte. Dabei holte sich der Immobilienmogul viel Übung im Auftreten vor laufender Kamera und es gelang ihm, sein Auftreten vor Publikum weiter zu professionalisieren. Nach einigen TV-Saisons wusste er genau, mit welchen Gesten und Einfällen er sich die Sympathien beim Publikum holen konnte. Er lernte aber auch, wie weit er mit seinen Provokationen gehen konnte und wie sie sich direkt in TV-Einschaltquoten niederschlagen würden, die er bis heute akribisch studiert. Dank der bei *The Apprentice* erworbenen Erfahrung und Prominenz stieg er in die Politik ein und wurde im November 2016 in der wohl grössten Sensation der gesamten amerikanischen Geschichte zum Präsidenten gewählt.

Und noch etwas nahm er sowohl aus seiner Businesskarriere als auch seiner TV-Tätigkeit in den Kampf ums Weisse Haus mit: Er würde sich nie und für nichts entschuldigen, selbst nicht für die haarsträubendsten Lügen oder Verschwörungstheorien, die er bei Bedarf einsetzt, auch dann nicht, wenn sie vollständig aufgedeckt und entkräftet werden. Gerade aus seiner TV-Zeit wusste er, dass er sich mehr als jeder andere leisten durfte, ohne deswegen Sanktionen befürchten zu müssen. Sein Mentor, der ehemalige McCarthy-Anwalt Roy Cohn, hat ihm dieses Verhalten zusätzlich eingebläut.

Auch sein ehemaliger Chefstratege und ideologischer Vordenker Steve Bannon hat einen Background in den Medien. Nach einer Militär- und Bankenkarriere wurde Bannon Produzent in Hollywood und machte viel Geld, unter anderem mit seinen Anteilen an der erfolgreichen amerikanischen TV-Serie *Seinfeld*. Als Andrew Breitbart, der Gründer der im rechten Lager angesiedelten «Breitbart News», im Jahr 2012 starb, übernahm Bannon die Leitung der Website, die er als «die Plattform der Alt-Right-Bewegung» bezeichnete. Er schrieb nicht nur Artikel, sondern führte eine grosse Zahl von Radiointerviews, in denen er Verschwörungstheorien viel Platz einräumte. Kurz vor seinem Wechsel in Trumps Wahlkampfteam bezeichnete er Bill und Hillary Clinton in einem Radiokommentar als «Schleimscheisser» und «Banditen», die Millionen durch ihre politischen Beziehungen eingesackt hätten. Unter seiner Ägide entstanden einige Dokumentarfilme mit rechtspopulistischer Schlagseite. Solche Thesen wurden detailliert auch im von ihm produzierten, äusserst polemischen Film *Clinton Cash* vertreten. Dank seiner Medienprodukte wurde er zum vielfachen Millionär. Nach seinem Rausschmiss aus dem Weissen Haus kehrte er noch am selben Tag zu «Breitbart» und damit in die Medienwelt zurück.

Alex Jones wird vom US-Politikwissenschaftler Michael Barkun als der «führende amerikanische Verschwörungsunternehmer der Gegenwart» bezeichnet. Und die *Washington Post* bezeichnete ihn als «Amerikas wichtigsten Verbreiter von extremsten Verschwörungstheorien». Jones wurde 1999 in Austin in Texas zum besten Radiomoderator gewählt. Kurz darauf wurde er entlassen, weil er sich weigerte, sein tendenziöses Themenspektrum zu erweitern, was viele Kunden bewogen hatte, ihre Werbegelder von seiner Show abzuziehen. Nach einigen Versuchen als Filmschauspieler geriet er in der Folge mehrfach mit dem Gesetz in Konflikt.

Dann lancierte er unter dem Namen *Infowars* eine tägliche Radiosendung im Internet. Hinzu kamen bald ein Internet-Fernsehsender und ein eigener Youtube-Kanal, den zurzeit zwei Millionen Amerikaner abonniert haben – Tendenz steigend. Die tägliche, vierstündige Radiosendung *Alex Jones Show* wird seit Jahren landesweit bei mehr als 150 Mittelwellen- und UKW-Stationen ausgestrahlt. Mit seiner Website erreicht er sechs Millionen «unique users» im Monat. Seit 2010 wird ihm ausserdem bei RT, dem von der russischen Regierung finanzierten internationalen TV-Kanal, Sendezeit eingeräumt.

Der massige und extrem provokativ auftretende Jones ist Anhänger aller gängigen Verschwörungstheorien. Es sind dies die Anschläge von 9/11, die er als «Operation unter falscher Flagge» bezeichnet, die Birther-Kampagne gegen Barack Obama, die «Klimalüge» und dass Impfstoffe Autismus auslösen. Er behauptet ausserdem, dass dem Leitungswasser heimlich Chemikalien beigefügt werden, die Homosexualität auslösen würden, und dass die US-Regierung die Aids-Epidemie initiiert habe. Auch verkündete er, dass das Massaker in der Schule von Sandy Cook nie stattgefunden habe, sondern eine Inszenierung der Regierung gewesen sei. Und weiter behauptet er, dass es sich beim von Bill Gates mit vielen Millionen finanzierten Programm, mit dem dieser Jugendlichen aus Minderheitengruppen den Zugang zu höherer Bildung verschaffen will, um ein rassenhygienisch inspiriertes Projekt handle.

Donald Trump war häufiger Gast in der *Alex Jones Show* und hat ihn als Freund bezeichnet. «Dein Ruf ist phantastisch», lobte er ihn, als er im Wahlkampf bei ihm auftrat. Jones sagt dazu in einem Bericht im *Spiegel*: «Trump und ich haben seit der Wahl mehrfach gesprochen. Über die Freiheit und unser gemeinsames Ziel, unsere Gegner zu vernichten ... Wir sind zwei Heilige des gleichen Zeitgeists.» Jones ist mithilfe des Präsidenten von einem irren Borderliner zu einer Figur in der Nähe des Mainstreams gerückt. *Infowars* erhielt sogar zeitweisen Zugang zu den Pressebriefings im Weissen Haus, denn neben «Breitbart» und Fox News war es eine der wichtigsten Nachrichtenquellen für Konservative während der jüngsten Präsidentschaftswahlen. Zur Kritik, dass sich Trumps Sprachhabitus in den letzten Monaten massiv verschlechterte, erklärte Jones, jemand müsse ihn unter Drogen gesetzt haben. Und da Trump weder Alkohol trinke noch Drogen nehme, müsse dies wohl über geheime Zusätze in die bei ihm omnipräsenten Diet Cokes geschehen.

Alex Jones nutzt also sein Talent als Moderator, seinen Geschäftssinn und seine grenzenlose Unverfrorenheit zur Verbreitung der extremsten Verschwörungstheorien und findet damit ein riesiges Publikum. *Spiegel*-Redakteur Veit Medick war von all dem beeindruckt, wie er im März 2017 nach einem Besuch bei Alex Jones in einem ausführlichen Bericht schreibt. «Jones ist nicht verrückt. Er ist belesen, kann recherchieren und versteht etwas von internationaler Politik. Wenn das Mikrofon aus ist, doziert er manchmal so trocken, als wäre er ein Beamter der EU-Kommission. Wenn das Mikrofon an ist, schlüpft er in seine Rolle und wird zu Furie.»

Trump-Freund Alex Jones verwendet etwa ein Viertel der Sendezeit seines täglichen Programms, um seine Produkte anzupreisen, von denen es unter seinem Label *Infowars* bereits eine gewaltige Auswahl an zumeist obskuren Wundermitteln und Quacksalbereien gibt. Dank dieses Merchandisings generiert er etwa zwei Drittel seiner Einnahmen in vielfacher Millionenhöhe. Es ist wohl keine Unterstellung, wenn man annimmt, dass er seine extrem zugespitzten Verschwörungstheorien-Tiraden auch als Vorwand einsetzt, um mit seinen aggressiven Verkaufsaktivitäten Umsatz zu generieren.

Wer also ist dieser Alex Jones? Ein Volksverhetzer, ein Überzeugungstäter, ein Zyniker oder bloss ein übler Geschäftemacher, der sich bei Menschen mit niedrigem Bildungsstand und vielen Vorurteilen einschmeichelt? Ist er jemand, der sich mit irren Verschwörungstheorien von den gleichen «vergessenen Amerikanern» als Volksheld feiern lässt, bei denen sich auch sein Kumpane Donald Trump angebiedert hat? In seinem Scheidungsprozess, bei dem Jones um das Sorgerecht für seine Kinder kämpfte, erklärte sein Anwalt, dass Jones in den Medien nur einen «Charakter spiele», ein zweiter Anwalt bezeichnete sein Auftreten als «Humor» und «Sarkasmus». Jones selbst hat nicht bestätigt, dass es sich bloss um eine Medienperformance handle. Was also ist richtig? Sind die Argumente seiner Anwälte ernst zu nehmen, oder wollten sie mit diesen Aussagen nur ihrem Mandanten helfen, den Prozess zu gewinnen (den er dann doch verlor)? Sicher ist jedenfalls, dass Alex Jones in der Trump-Ära mit seinen extremen Verschwörungstheorien weiter an Einfluss gewonnen hat.

Während des Präsidentschaftswahlkampfs verkündete Michael Cernovich auf seiner erfolgreichen Website Danger & Play, Hillary Clinton leide an Parkinson und an Epilepsie. Ausserdem brachte er sie in Verbindung mit der Pizzagate-Verschwörungstheorie, gemäss der pädophile Mitglieder der demokratischen Partei im Keller der Washingtoner Pizzeria Comet Ping Pong Jugendliche gefangen halten würden, um sie dort zu missbrauchen. Auch würden satanische Rituale stattfinden. Alex Jones und Davide Icke nahmen diese Meldung auf und verbreiteten sie weiter, wobei sich Jones später dafür entschuldigte. Cernovichs Tweets werden pro Monat über 100 Millionen Mal genutzt. Dies erreichte er mit seinem Ansatz, die Kommentare möglichst einfach zu halten, weil die Leute sie nicht verstehen würden, wenn sie «zu komplex» seien, wie er erläuterte. Damit steht er in der ersten Reihe der amerikanischen Verschwörungstheoretiker.

David Icke, der Reptiloiden-Verschwörungstheoretiker, war ebenfalls ein Medienmann, bevor er in sein nächstes Metier wechselte. Als Moderator einer populären Sportsendung bei der BBC holte er sich die Erfahrung, die ihm half, zum charismatischen Redner vor Tausenden von elektrisierten Fans zu werden. Während ihn einige Beobachter der rechtsextremen Esoterik zuordnen, beurteilen ihn andere als linksgerichteten Antisemiten. Icke lässt so viele Fragen offen, dass einzelne Kritiker der Meinung sind, dass er selbst nicht an seine Verschwörungstheorien glaubt. Andere halten ihn schlicht für verrückt.

Auch einer von Deutschlands bekanntesten Verschwörungstheoretikern hat einen Background als Fernseh- und Radiomoderator. Nach ersten Gehversuchen moderierte Ken Jebsen beim Jugendsender Fritz des öffentlich-rechtlichen Senders RBB in Berlin die viel beachtete Sendung *KenFM,* in der er auch Gäste aus vielen Sparten interviewte. 2007 gewann er einen Radiopreis für eine Reportage.

Im November 2011 schrieb Jebsen einem Hörer: «Sie müssen mir nicht den Holocaust erklären, ich weiss, wer ihn als PR erfunden hat.» Damit zielte er gemäss seinen späteren Erklärungen auf Edward Bernays, Erfinder der Public Relations und Neffe von Sigmund Freud. Im Buch *Der Fall Ken Jebsen* schreibt er dazu: «Dieser Satz ist natürlich missverständlich, denn er lässt offen, ob der Schreibende meint, der Holocaust hätte nie stattgefunden, oder aber, der Holocaust sei mit den Techniken der PR auf den Weg gebracht worden.»

Missverständlich? Beide Lesarten sind mehr als fragwürdig. Zwar verteidigte die RBB-Leitung Jebsen gegen den Vorwurf des Antisemitismus, doch habe er bei seinen Sendungen «in manchen Fällen die Grenze überschritten» und dabei zu wenig die «journalistischen Standards» eingehalten. Zwei Wochen nach diesem Vorfall wurde Jebsen nach einer hitzig geführten öffentlichen Diskussion entlassen.

Als Reaktion auf seinen Rausschmiss verlegte Jebsen seine Sendung ins Internet – und fand dort eine riesige Gefolgschaft. Er lädt vor allem Gäste aus der rechten politischen Ecke in seine Sendungen ein. Sein Youtube-Kanal hat heute mehr Nutzer als der des WDR und auf Facebook erhält er mehr Likes als die ARD. Ohne die journalistischen Regeln einer öffentlich-rechtlichen Anstalt kannte sein Furor keine Grenzen mehr. Triumphierend schrieb er über seine neue Freiheit: «Ich lasse mir von einer kriechenden Intendanz nicht erklären, was journalistische Standards und Leitplanken sind.»

Während Jebsen Israel früher oft und gerne bereist hatte, wie er beteuerte, warf er der israelischen Regierung nun in unmissverständlicher Diktion vor, sie versuche, die Palästinenser systematisch auszurotten, um mit der «Endlösung für Palästina» Platz «für das auserwählte Volk» zu schaffen. In einem offenen Brief an Angela Merkel schrieb er: «Nationalsozialisten haben Israel okkupiert wie die Nazis 33 Deutschland okkupiert haben.» Und in einem seiner Videos erklärte er: «Es sind voran radikale Zionisten mit US-Pass, deren Hobby Israel ist und deren Lieblingssport im Schlachten von Arabern besteht.» Er betätigte sich offen als antiamerikanischer Prediger und vertrat öffentlich Verschwörungstheorien zum 11. September. Auch bei anderen Themen stimmte er lautstark in den Kanon der Verschwörungstheoretiker ein. So sprach er oft auf Mahnwachen in Berlin und anderen Städten, und dies als Hauptredner neben dem

Rechtsextremen Jürgen Elsässer. Dies waren Veranstaltungen, zu denen auch viele Pegida-Leute und Ufologen erschienen. Solche Situationen mit «spürbaren, echten und vor allem massiven Reaktionen» genoss er noch mehr als seine Auftritte im Studio, wie er im Buch *Der Fall Ken Jebsen* gesteht. Es war also eine Kombination von Talent, Eloquenz, Charisma und einer latent vorhandenen extremen politischen Haltung, die ihn zu einem auch finanziell erfolgreichen Verschwörungstheoretiker werden liess, der vor allem die Möglichkeiten des Internets für diese Aktivitäten nutzt. Hinzu kam eine durch seine persönliche Geschichte genährte Wut auf die Mainstream-Medien, denen er Rache geschworen hatte.

Mathias Bröckers begann als Kulturjournalist und später als Wissenschaftsjournalist bei der linken Tageszeitung *Taz* und setzte sich mit seinem Freund, dem Kabarettisten Wolfgang Neuss, nicht nur für die Legalisierung von Marihuana ein, sondern wollte sich selbst in der Produktion und im Vertrieb von Hanf betätigen. Während er früher also dem ganz linken politischen Lager angehörte, schrieb er später mehrere Bücher zu Verschwörungstheorien mit klarem Rechtsdrall, unter anderem den Bestseller *Verschwörungen, Verschwörungstheorien und die Geheimnisse des 11. 9.*, mit dem er zum führenden deutschen Vertreter der 9/11-Bewegung wurde. So prägte er auch den Begriff «Kosher-Connection», indem er auf eine Konspiration von George W. Bush mit dem israelischen Premierminister Ariel Sharon anspielte, ohne dafür jedoch nachprüfbare Fakten vorzulegen. Der Historiker Wolfgang Wippermann und der Kommunikationsfachmann Tobias Jaecker warfen ihm mehrfach Antisemitismus vor, da sich Bröckers auch auf die *Protokolle der Weisen von Zion* stütze. Mit seinem Interviewbuch *Der Fall Ken Jebsen* versuchte er zudem, den ihm ideologisch nahestehenden Verschwörungstheoretiker von allen gegen ihn erhobenen Vorwürfen reinzuwaschen.

Mathias Bröckers unterscheidet zwischen Guten, Bösen und

Dummen. Die Guten sind Leute wie er, die sich gegen die «Gestapoähnlichen» Methoden von US-Regierungsstellen wehren. Zu den Bösen gehören die Leute des US-Regimes, die er auch als «Petronazis» bezeichnet. Ebenfalls zählt er das «Medienbordell» dazu. Der grosse Teil der Menschheit umfasst seiner Meinung nach die Dummen, die den Bösen glauben und sie sogar in ihre Ämter wählen.

Die Karriere von Jürgen Elsässer verlief ähnlich wie die von Mathias Bröckers. Als Mitglied des Kommunistischen Bundes in Stuttgart profilierte er sich zuerst als Journalist in radikal linken Medien, um sich später dem Rechtsextremismus zuzuwenden. Seit 2010 ist er Chefredakteur des Magazins *Compact*, in dem antiamerikanische, homophobe und rassistische Positionen mit Tendenzen zu Verschwörungstheorien vertreten werden. So verwies er auf die von den «Eliten» gesteuerte «Neue Weltordnung». 2014 trat er bei den Mahnwachen für den Frieden und Pegida-Veranstaltungen als Redner auf, wo er durch seine ausserordentliche rhetorische Begabung auffiel. Auch hat Elsässer enge Kontakte mit verschiedenen russischen Propagandamedien, deren Thesen er massiv unterstützt.

Direkt im Showbusiness verankert ist der Soul- und R&B-Sänger Xavier Naidoo, der nach zehn Millionen verkauften Alben und vielen Auftritten in TV-Sendungen zu einem der einflussreichsten deutschen Verschwörungstheoretiker geworden ist. Er ist gemäss einem persönlichen Bekehrungserlebnis davon überzeugt, in der Endzeit zu leben. Seine Heimatstadt Mannheim bezeichnet er als das neue Jerusalem. Zudem verkündete er, dass Deutschland ein besetztes und kein freies Land sei. Mit seinen apokalyptischen Texten, extremem Antiamerikanismus und klarer Demokratiefeindlichkeit solidarisierte er sich auch mit den Reichsbürgern, einer rechtsextremen Bewegung, an deren Veranstaltungen er 2014 aufgetreten ist. Trotzdem wurde er 2015 als deutscher Teilnehmer am Eurovision Song Contest bestimmt, doch nach heftigen Protesten wurde dieser Entscheid zurückgenommen. Sein im April 2017 veröffentlichtes Album *Marionetten* wurde als rechtspopulistisch, verschwörungstheoretisch und teils antisemitisch bezeichnet. 2014 wurde ihm das «Goldene Brett» verliehen, ein Negativpreis der Gesellschaft zur Untersuchung der Parawissenschaften, 2016 erhielt er einen weiteren Negativpreis, den «Goldenen Aluhut».

Hans Meiser war bereits beim Start des deutschen Privat-TVs im Jahr 1984 als Anchorman der Nachrichtensendung *7 vor 7* bei RTL-plus mit dabei. Später moderierte er im gleichen Sender während mehr als acht Jahren die sehr erfolgreiche, boulevardeske Talkshow *Hans Meiser*, die bis zu 40 Prozent Marktanteil erzielte. Dies war ein aus den USA übernommenes Format im Nachmittagsprogramm, das in der Folge von allen anderen deutschen Privatsendern kopiert wurde. Nachdem RTL seinen Vertrag nicht mehr verlängerte, moderierte Hans Meiser seit 2013 bei Radio Regenbogen jeden Sonntag die dreistündige Sendung *Talk of Town – die Hans Meiser Show*.

Daneben setzt er seine Prominenz als Autor und Sprecher bei Watergate.tv ein, einem verschwörungstheoretischen Kanal, in dem bis hin zum unmittelbar bevorstehenden Weltuntergang die meisten der in dieser Szene üblichen Themen laufend abgenudelt werden. Als diese Tätigkeit öffentlich bekannt wurde, warf ihn Jan Böhmermann aus seinem *Neo Magazin Royal* im ZDF. Zur Begründung teilten die Macher der Satiresendung mit: «Wir möchten die Unglaubwürdigkeit von Hans Meisers Verschwörungsformaten durch den schlechten Ruf unserer Sendung nicht länger gefährden. Sobald Hans Meiser herausgefunden hat, wer wirklich hinter dem 11. September steckt, ob die Erde hohl ist und die Amerikaner wirklich auf dem Mond gelandet sind ..., darf er gerne wiederkommen.»

Erich von Däniken stammt aus einer Zeit, in der es in Europa noch keine privaten elektronischen Medien gab, in denen er hätte Karriere machen können. Dafür setzte er sein natürliches Kommunikationstalent in seiner Rolle als Hoteldirektor ein. Und als er mit seinen ersten Büchern über Ausserirdische Erfolge erzielte, konnte er seine Medienkompetenz dank Auftritten in Filmen, in Fernsehserien und bei Vorträgen perfektionieren – und dies nutzt er bis auf den heutigen Tag.

Daniele Ganser ist von seinem Werdegang her eine Ausnahme in dieser Szene. Ohne direkte berufliche Erfahrungen in der Medienwelt setzte er dafür seine akademischen Meriten als Alleinstellungsmerkmal ein. Bei seinen Fans präsentiert er sich jeweils als «Doktor». Dazu meint der Wissenschaftsjournalist Beat Glogger in «Medienwoche»: «Keinem anderen – ernst zu nehmenden – Wissenschaftler käme dies in den Sinn. Selbst Forscher von Weltrang präsentieren sich auf Facebook ohne akademischen Firlefanz.»

Dieses Attribut war trotz eines umstrittenen akademischen Leistungsausweises Gansers Eintrittsticket in die Welt der Verschwörungstheoretiker. Er schaffte dies zusätzlich dank seines natürlichen rhetorischen Talents, seines Charismas, seines attraktiven Aussehens, seines Fleisses und des fanatischen Engagements für seine Sache, womit er bei sehr vielen Menschen gut ankommt. Mit Büchern, Vorträgen und einer intensiven Präsenz im Internet brachte er es zu einem bemerkenswerten Starstatus und wohl auch zu einem beträchtlichen Einkommen. In den traditionellen Medien hatte Ganser wegen der dort nach wie vor bestehenden Zurückhaltung gegenüber Verschwörungstheoretikern bisher nur wenige Auftrittsmöglichkeiten, sodass er ausserhalb seiner riesigen Community noch keinen sehr hohen Bekanntheitsgrad erreicht hat. Auch aus diesem Grund war für ihn die Teilnahme in der zu Beginn beschriebenen *Arena*-Sendung von besonderer Bedeutung.

Wenn man die hier präsentierten Medien-Karrieregeschichten miteinander vergleicht, fallen die vielen Gemeinsamkeiten ins Auge. Fast alle erwähnten Personen nutzen ihre beruflichen Erfahrungen in den Medien, um sich später im ganz rechten Verschwörungstheoretiker-Lager zu positionieren. Mit dem in ihren früheren Tätigkeiten entwickelten Gespür für Marktlücken und Quotenknüller erspähen sie dort die erfolgsträchtigsten Ansatzpunkte. Dank ihres rhetorischen Könnens, ihrer erzählerischen Phantasie und ihrer Erfahrung, sich in der Öffentlichkeit zu bewegen, erfüllen sie deshalb in optimaler Weise die Anforderungen für die Verbreitung von Verschwörungstheorien. Aufgrund dieser spezifischen Fähigkeiten erkennt man bei ihren oft widersprüchlichen Aussagen nicht auf Anhieb, was als gesichert zu gelten hat, was blosse Unterstellung und was reine Fiktion ist. Damit sind sie die optimale Besetzung, um Verschwörungstheorien zu erfinden und dann im Internet mit möglichst viel Wirkung und Glaubwürdigkeit in alle Winde zu streuen.

Die Gründe, weshalb sie dies tun, sind vielfältig. Einige werfen sich aus extremen ideologischen Überzeugungen in die Schlacht. Bei anderen dominieren opportunistische Motivationen, mit denen sie Verschwörungstheorien zur Bewirtschaftung ihrer Machtposition einsetzen. Bei vielen sind es schlicht materielle Interessen, denn Verschwörungstheorien werden heute vielfach als Big Business kommerzialisiert. Und sehr oft handelt es sich um eine potente Kombination all dieser Elemente: Ideologie, Opportunismus und Geld.

Die Geschäftsmodelle funktionieren nicht nur über die traditionellen Bücherverkäufe und gut dotierten Vorträge. Noch lukrativer sind Werbeeinkünfte aus den eigenen Internetportalen, mit denen Millioneneinnahmen generiert werden können. Zum Teil werden gezielt Fanartikel und obskure Wundertinkturen produziert und verkitscht, wie es etwa der unersättliche Alex Jones vormacht. Andere verhökern in traditioneller Form bloss ihre Bücher bei ihren Vorträgen. Das Resultat ist eine Branche mit einer unappetitlichen Melange von Motiven, mit der um ein Maximum an Aufmerksamkeit und Einkünften gebuhlt wird. Und dies mit wachsendem Erfolg, nicht nur in Randgruppen, sondern zunehmend bis in die Mitte der Gesellschaft.

Charlie Hebdo: **«Selbst das könnte eine Operation unter falscher Flagge gewesen sein, wir wissen es nicht.»**
Foto: Keystone / EPA / Eddy Lemaistre

Und so gehen sie vor

In vorangehenden Kapiteln wurde das methodische Vorgehen der Verschwörungstheoretiker unter verschiedenen Aspekten angesprochen. Doch es ist sinnvoll und wichtig, darauf nun einen vertieften Blick zu werfen.

Alle Verschwörungstheoretiker behaupten, dass man hinter die Oberfläche offizieller Informationen blicken müsse, um die «Wahrheit» zu erkennen. Nur so würden aus manipulierten, «blinden» Menschen aufgeklärte Zeitgenossen, die die Machenschaften der Verschwörer erkennen und dann denunzieren können. Dieses Ziel erreichen sie mit der Präsentation einer Fülle von angeblichen Fakten und Beweisen, die für Laien und flüchtige Betrachter kaum Widerspruch zulassen.

Um dieses Ziel zu erreichen, bedienen sich Verschwörungstheoretiker einiger besonders obskurer Ansätze. John David Seidler verweist in seinem Buch *Die Verschwörung der Massenmedien* auf die Steganografie, eine Methode, die seit dem 19. Jahrhundert angewandt wird. Es ist eine Form von «verstecktem Schreiben», das Übermitteln und Speichern von Geheimbotschaften, die in einem harmlosen Trägermedium versteckt sind. Diese Botschaften können erst bei einer zweiten, intensiven Lektüre entdeckt werden. «Moderne Verschwörungstheorie funktioniert vor allem dadurch, dass sie mediale Angebote, die im Wesentlichen unverborgenes Allgemeingut darstellen, nach verborgenen Wahrheiten befragt. In diesem Sinne betrachtet die Verschwörungstheorie potenziell alle medialen Artefakte – ausser dem jeweils eigenen Medium –, als wären sie steganografisch codiert beziehungsweise als wären sie Träger versteckter Wahrheiten. Es handelt sich also um ein Decodieren «als ob». Ein Decodieren von Medieninhalten, die – soweit wir wissen – nicht zuvor steganografisch codiert wurden, beziehungsweise gar keine geheimen Wahrheiten enthalten.»

Dies führt zu einer Decodierungssucht, die paranoide Züge trägt. Verschwörungstheoretiker betätigen sich mit Vorliebe als Mediendetektive auf der Suche nach verborgenen Botschaften. Dies hat für sie zusätzlich den positiven Effekt, dass sie sich nicht nur auf dubiose und damit angreifbare Quellen stützen müssen, sondern auch allgemein als seriös geltende Quellen anführen können, um auf dieser besser abgestützten Grundlage ihre Thesen zu verbreiten. Indem sie die dort angeblich verborgenen Botschaften ans Tageslicht bringen, fühlen sie sich als eine allen seriösen Medien überlegene detektivische Aufklärungsinstanz.

Umgekehrt verwenden Verschwörungstheoretiker eigene Codewörter. Eines der häufigsten ist der Begriff «Operation unter falscher Flagge» («false flag operation»), unter dem meist die Tätigkeit von Geheimdiensten subsumiert wird. Tatsächlich konnten viele solcher Aktionen nachgewiesen werden. Aber nicht nur der CIA und die Nato haben solche Taktiken benutzt, wie die meisten der heute führenden Verschwörungstheoretiker nicht müde werden zu betonen. Solche geheimen Aktionen hatten auch der sowjetische und der russische Geheimdienst lanciert, in jüngster Zeit etwa bei der Besetzung der Krim und Teilen der Ukraine.

Ein weiterer, oft verwendeter Begriff ist der Hinweis auf den «militärisch-industriellen Komplex», der meist nicht näher definiert wird. Die Bezeichnung wurde vom republikanischen amerikanischen Präsidenten Dwight D. Eisenhower in seiner Abschiedsrede eingeführt. Sie wurde als Warnung verstanden, dass sich innerhalb des

Staates eine von der Regierung nicht kontrollierte Struktur aus Wirtschaft und Militär gebildet habe, die, losgelöst von den gewählten Volksvertretern, eigene Interessen vertritt, die den allgemeinen Volksinteressen zuwiderläuft. Verschwörungstheoretiker haben diesen Begriff aufgenommen und verwenden ihn in Fällen, in denen sie nicht einmal annäherungsweise konkrete Hinweise auf die Urheber von angeblichen Verschwörungen vorlegen können. Bei den alternativen Erklärungen von 9/11 wird unter dem Begriff «militärisch-industrieller Komplex» implizit eine Verschwörung amerikanischer Geheimdienste in Kooperation mit dem israelischen Mossad zusammengefasst. Und damit ist er zu einem Code für die in diesen Kreisen historisch üblichen Verdächtigen geworden.

Karl Hepfer legt in *Verschwörungstheorien* das systematische Vorgehen von Verschwörungstheoretikern dar. Er beschreibt detailliert, wie es ihnen gelingt, die Urteilskraft ihres Publikums zu überlisten. So würde eine gute Verschwörungstheorie sukzessive Behauptungen in kleinen Schritten vorlegen, die für sich einzeln betrachtet unverdächtig und plausibel erscheinen. Damit gelangt man schliesslich zu einer These, die die Adressaten ohne dieses Vorgehen kaum akzeptiert hätten.

Verschwörungstheoretiker beginnen jeweils damit, Zweifel an der offiziellen Erklärung zu säen. Dabei stellen sie gezielt Aspekte ins Zentrum, zu welchen die offizielle Version keine oder nur ungenügende Antworten geben kann, weil bei wichtigen Ereignissen gewisse Dinge sehr oft nicht bis ins Detail schlüssig erklärt werden können. Daraufhin folgt der unvermeidliche Hinweis auf diese vermeintlichen Ungereimtheiten und Brüche in der offiziellen Version. Mit Blick auf ihr Argumentationsziel schenken Verschwörungstheoretiker vor allem solchen, ihre Thesen stützenden Daten viel Aufmerksamkeit und spielen umgekehrt die Bedeutung anderer Elemente, die nicht zu ihrer These passen, herunter oder verschweigen sie gar vollständig. In dieser Phase setzt bereits die Vermischung von ganz oder weitgehend unbestrittenen Aussagen aus seriösen Quellen mit anderen Behauptungen ein, deren Herkunft fragwürdig ist. Gleichzeitig erfolgt der direkte Angriff auf die Verteidiger der offiziellen Version, die generell als unglaubwürdig oder korrupt attackiert werden.

In einem weiteren Schritt werden diese kreierten diffusen Bedenken und Ängste gebündelt, um aus den zuvor geschürten Zweifeln an der etablierten Sicht eine eigene, überzeugende Theorie zu schmieden. Dabei bedient man sich ausführlich bei Belegen aus dem Netz, bei Zeitungsberichten und Radiosendungen. Man weist also auf eine Fülle von «Quellen» hin, die nur mit grösserem Aufwand zu überprüfen wären. Wenn man diese schliesslich mit den leicht zugänglichen «seriösen» Quellen verbindet, ist man bereits am Ziel. «Ein Kennzeichen des Vorgehens auf dieser Stufe ist der Versuch, Dinge und Ereignisse miteinander in Verbindung zu bringen, die normalerweise wenig bis nichts miteinander zu tun haben», schreibt Hepfer. Besonders günstig ist dabei, wenn man den Verschwörern ein klares Motiv für ihre Untaten unterstellen kann, denn wer von einer Verschwörung profitiert, muss folgerichtig auch der Täter sein. Und falls die vorgelegten Beweise für einmal nicht lückenlos sind, so wird dies als zusätzlicher Beleg für die grenzenlose Macht der Verschwörer interpretiert, mit denen sie ihre üblen Machenschaften tarnen. Verschwörungstheoretiker sind überzeugt, dass solche Gruppen immer Beweise für ihr verbrecherisches Tun verschwinden lassen, Dinge vertuschen und falsche Fährten legen.

Daniele Ganser wendet zusätzlich eine Technik an, die auch bei anderen Verschwörungstheoretikern beliebt ist. Er bietet keine fertigen Theorien an, sondern stellt bloss Fragen und weist sein Publikum an, selbst zu «sehen». «Lasst euch in Eurem Denken und Fühlen nicht einschüchtern», ermuntert er seine Zuhörer bei seinen Vorträgen. «Viele Menschen sind noch in einer Art Tiefschlaf. *Sie* sehen aber jetzt, *Sie* sind nicht allein.» Das auf diese Weise von seinen Zuhörern gemeinsam entwickelte Bewusstsein ist in der Folge deshalb besonders kritikresistent, weil es von jeder einzelnen Person wie ein selbst erarbeitetes geistiges Produkt erlebt wird. Denn Gansers Publikum kann inmitten des von ihm professionell inszenierten Brimboriums nicht erkennen, dass die erlangten Schlussfolgerungen vor allem aufgrund seiner detaillierten Regieanweisungen erzielt worden sind. Um diesen Prozess noch zu verstärken, liefert Ganser in seinen Vorträgen zusätzlich raffinierte «Gedankenspiele zum Nachdenken» an, wie er es nennt, die aber alle unweigerlich zum von ihm angestrebten Ergebnis führen.

Indem Ganser sein Publikum also mit diesen Methoden zum Erkennen von Zeichen und Fakten auffordert, leitet er es in Richtung einer von ihm erwünschten «Wahrheit», die viel inniger und stärker erlebt wird, als es die Präsentation von definitiven Antworten je hätte sein können. Dies ist einer der Gründe für die oftmals fanatische Anhängerschaft, die sich bei seinen Vorträgen bildet, also bei emotional aufgeheizten Gemeinschaftserlebnissen unter Gleichgesinnten.

Diese Taktik wird von ihm nicht nur bei Vorträgen, sondern auf ähnliche Weise sogar in schriftlicher Form eingesetzt. Ein Beispiel dafür ist Gansers bereits erwähnter Tweet zum Terroranschlag auf die Satirezeitung *Charlie Hebdo* am 7. Januar 2015 in Paris:

«Selbst das könnte eine Operation unter falscher Flagge gewesen sein, wir wissen es nicht. (…) Für mich ist der Terroranschlag auf ‹Charlie Hebdo› ungeklärt. Sicher ist, dass der militärisch-industrielle Komplex davon profitiert.»

Ungeklärt? Wir wissen es nicht? Geklärt ist Folgendes: Ausgeführt wurde der Terrorakt mit zehn Toten in der Redaktion der Satirezeitschrift von den Brüdern Said und Chérif Kouachi. Chérif hatte zehn Jahre zuvor versucht, nach Syrien auszureisen, um sich dem Dschihad gegen die Amerikaner anzuschliessen. Er wurde mehrfach verhaftet und verbrachte längere Zeit in französischen Gefängnissen. 2011 reisten beide Brüder in den Jemen, wo sie von al-Kaida eine militärische Ausbildung erhielten. Kurz vor seinem Tod erklärte Chérif Kouachi in einem Telefoninterview mit einem TV-Sender, seine Reise nach Jemen sei von al-Kaida-Führer Anwar al-Awlaki finanziert worden. Nach dem Attentat übernahm al-Kaida die Verantwortung und erklärte, man habe das Attentat geplant und auf Befehl ihres Chefs Ayman al-Zawahiri verübt. Und in einem Radiosender des IS wurden die Täter als «Helden» gefeiert.

Anders als Ganser also insinuiert, weiss man bei *Charlie Hebdo* alles Wichtige. Der Anschlag ist bis ins letzte Detail aufgeklärt. Es gibt nicht die geringsten Hinweise auf eine «Operation unter falscher Flagge», und Ganser kann auch keine vorlegen. Seine Feststellung, dass der nicht näher definierte «militärisch-industrielle Komplex» «sicher» profitiert habe, ist eine unbelegte, bloss reflexartig ausgestossene Behauptung. Aber zu jeder knackigen Verschwörungstheorie gehört eben zwangsmässig die Frage *Cui bono?* («Wem nützt es?»), um auf diese Weise auf die üblen, immer gleichen Täter hinweisen zu können.

Daniele Ganser demonstriert seine manipulative Brillanz, indem er die zentralen Elemente einer ganzen verschwörungstheoretischen Argumentationskette in einen kurzen Text zu pressen vermag. Erhellend ist bereits der Einstieg seines Tweets mit der Formulierung «selbst das». Dies ist für seine Anhänger ein klar decodierbarer Analogieschluss auf die von ihm gebetsmühlenhaft wiederholten Beispiele verdeckter Aktionen, bei denen immer dieselben Täter am Werk waren. Die bei *Charlie Hebdo* vorliegenden glasklaren Fakten über die Attentäter und das Fehlen einer auch nur in Ansätzen glaubwürdigen alternativen Erklärung über die Hintermänner dieser Bluttat ist für ihn kein Hinderungsgrund, «selbst» hier eine Verschwörung zu unterstellen. Denn jede andere Erklärung würde eine

Erschütterung seiner Grundthese über die permanenten verbrecherischen Aktivitäten der längst identifizierten Übeltäter darstellen. Sein «selbst das» ist im Gegenteil als Hinweis zu verstehen, dass es sich um eine besonders raffinierte und damit extrem heimtückische Verschwörung handeln müsse, weil es unmöglich sei, konkrete Beweise für ihre Existenz beizubringen. Dank der Glaubwürdigkeit und des Ansehens, die der «Doktor» bei seiner Gemeinde geniesst, sind seine Anhänger auch in diesem Fall bereit, ihm in dieser Interpretation zu folgen.

Solche Wortmeldungen bei Attentaten erfolgen nicht zufällig, sondern reflexartig. Denn auf die Dauer kann das von den Verschwörungstheoretikern verbreitete Weltbild nicht allein mit dem Herunterbeten der ewig gleichen Horrorstorys am Leben erhalten bleiben. Man braucht laufend neues sensationelles Material, auf das man sich stürzen kann. Zwar bleiben für Verschwörungstheoretiker die Attentate von 9/11 die grossartigste aller Geschichten mit unvergleichlicher Nachhaltigkeit, die von ihnen wohl noch während vieler Jahrzehnte gemolken werden wird. Aber nur wenn zusätzlich laufend neue Aktivitäten dieser weltweit tätigen Verschwörerbanden aufgedeckt werden, kann ihre permanente Gefährlichkeit für die Menschheit auf die erhofft dramatische Weise belegt werden. Allein so kann das verschwörungstheoretische Rad in Schwung gehalten werden. Und deshalb nutzt man eben jede sich bietende spektakuläre Gelegenheit – auch *Charlie Hebdo* –, um zusätzliche Zweifel zu säen und das Vertrauen in die Institutionen weiter zu untergraben.

Diese reflexartige Reaktion bei neuen Terroranschlägen ist auch damit zu erklären, dass das Narrativ von 9/11 auf keinen Fall ins Wanken geraten darf. Dies aber würde geschehen, wenn man etwa die Planung und Ausführung der Anschläge in Paris als Werke islamistischer Terroristen beschreiben würde, die man tatsächlich IS oder al-Kaida zuschreiben müsste. Denn damit würde als Kollateralschaden die eigene Hauptthese zu 9/11 in ihren Grundfesten erschüttert. Für die Truther steht fest, dass es eben nicht die 19 namentlich bekannten arabischen Attentäter unter Anleitung der geständigen al-Kaida-Führung waren, die hinter den Attacken standen. Und deshalb muss bei jedem neuen Anschlag und bei jedem Giftgasangriff in Syrien automatisch insinuiert werden, dass alles eben ganz anders abgelaufen sei, als es uns die offiziellen Untersuchungen aller zuständigen Behörden und der mit ihnen verbandelten korrupten westlichen Medien glauben machen wollen.

Fragen stellen, infrage stellen, verunsichern und spekulieren – das ist das Geschäft der raffinierten Verschwörungstheoretiker. Damit stürzen sie sich jeweils mit Gusto auf die sensationsträchtigen, weltweit medial verbreiteten Schockereignisse. Und mit diesem hochprofessionellen Ansatz verschaffen sie sich in einer Zeit mit vielen Unwägbarkeiten bei immer mehr Leuten Gehör und Zustimmung. Thomas Grüter schreibt in *Freimaurer, Illuminaten und andere Verschwörer:* «Der Erfolg einer Verschwörungstheorie hängt in erster Linie davon ab, dass der Autor sie spannend vortragen kann. Zu diesem Zweck verwebt er die Wahrheit so geschickt mit Lügen und Vermutungen, dass eine stimmige Geschichte entsteht, die ihre Leser mitreisst.»

Wegen der geschilderten Entwicklungen werden Verschwörungstheorien in näherer Zukunft also eine noch grössere, bisher nicht vorstellbare Verbreitung finden und damit enorme Wirkung in breiten Teilen der Gesellschaft erzielen. Allein durch die Arbeit von seriös und unerschrocken arbeitenden Medien, die diese Machenschaften mittels aufwendigen und unbestechlichen Recherchen denunzieren, kann verhindert werden, dass Verschwörungstheoretiker uns alle immer öfter mit ihren Geschichten einlullen.

Aber auch das ist ein zweischneidiges Schwert. Amerikanische Forscher haben herausgefunden, dass das Aufdecken von gezielt produzierten Fake News durch die seriösen Medien vor allem zusätzliche Aufmerksamkeit für diese Inhalte schafft. Und schlimmer noch: Indem seriöse Medien intensiv diese aufwendigen Recherchen betreiben, fehlen ihnen die Ressourcen, um sich anderen wichtigen Themen zu widmen. Und damit erscheint diese Form der journalistischen Arbeit in vielen Fällen eine kontraproduktive Wirkung zu erzielen, ohne dass sich dafür einfache und wirkungsvolle Alternativen anbieten.

Hugo Stamm: «Bei sektenhaften Gruppen ist eine ähnliche Weltflucht zu beobachten wie bei Verschwörungstheoretikern.»
Foto: Hugo Stamm

Sekten und Verschwörungstheorien

Im Gegensatz zu Verschwörungstheorien konnten sich Sekten lange vor dem Internet und dem 11. September in grossem Stil etablieren. Zwischen den beiden Phänomenen gibt es viele bemerkenswerte Parallelen sowie einige wenige Unterschiede. So sind Sekten meistens straff geführte Organisationen, was bei Verschwörungstheoretiker-Gruppierungen in der Regel nicht zutrifft. Ähnlich ist hingegen bei beiden eine bewusst herbeigeführte Isolation gegenüber der als feindlich erlebten Umwelt. Diese Abkapselung in eigentlichen Echokammern kann darin bestehen, dass man ausschliesslich oder überwiegend Informationsquellen nutzt, die die eigenen Thesen stützen. Vergleichbar ist auch die Überzeugung, dass man aufgrund des erworbenen Bewusstseins und Wissens allen anderen Menschen überlegen sei. Identisch ist die Aufteilung der Welt in «Gut» und «Böse», wobei man sich natürlich auf der Seite der Guten wähnt. Und ebenfalls vergleichbar ist der missionarische Drang, mit dem man möglichst viele Menschen in den eigenen Dunstkreis zu bringen versucht. Dies spiegelt sich in einer bei beiden Gruppierungen vorhandenen Aggressivität, mit der Kritiker und Abtrünnige verfolgt werden.

Im deutschen Sprachraum war es vor allem der Journalist Hugo Stamm, der zu diesem Thema mit Büchern wie *Sekten. Im Bann von Sucht und Macht* und *Allein gegen die Seelenfänger* Rekordauflagen erzielte. Und damit machte er sich zur Zielscheibe für heftigste Angriffe aus Sektenkreisen.

Auch mit 68 Jahren bewegt sich der asketisch wirkende Hugo

Stamm noch immer mit dem Rollbrett oder dem Fahrrad durch die Städte. Geboren wurde er im schweizerischen Schaffhausen direkt an der deutschen Grenze. Nach der Matura besuchte er das damals nur einjährige Lehrerseminar, um so möglichst schnell zu selbst verdientem Geld zu kommen. Anschliessend schrieb er sich an der Philosophischen Fakultät der Zürcher Universität ein. Nach einem Volontariat beim Zürcher *Tages-Anzeiger* rutschte er in den Journalismus und brach sein Studium nach sechs Semestern ab. Zuerst schrieb er vor allem Artikel zum Thema Jugendpolitik. Doch als man im Jahr 1974 in der Redaktion davon hörte, dass eine bisher unbekannte Sekte ein Zentrum in Zürich eröffnen wolle, nahm er sich dieser Geschichte an. «Ich hatte vorher noch nie von Scientology gehört», erzählt Stamm. Sehr schnell verbiss er sich in dieses Thema, recherchierte in der Folge jahrelang und publizierte grosse Reportagen. Mit diesen stiess er sowohl in der Redaktion als auch in der Chefetage und bei vielen Lesern auf heftigen Widerstand. Man warf ihm vor, sich selbst sektenhaft auf das Thema versteift zu haben, dem er sich bald vollamtlich widmete. Zudem wurde er beschuldigt, die Gefahr der Sekten masslos zu übertreiben. Für sein erstes Buch fand er trotz langer Suche keinen Verlag, weil man überall Angst hatte, sich mit dieser Thematik heftigen Reaktionen auszusetzen. Schliesslich entschied sich Hugo Stamm, sein Buch *Scientology: Seele im Würgegriff* selbst herauszugeben.

Doch dann ereignete sich 1994 das erste Sonnentempler-Drama, bei dem 74 Mitglieder dieser apokalyptischen Sekte bei rituellen Morden und Suiziden ums Leben kamen. Teils wurden die Mitglieder betäubt, teils erschossen, andere starben in den zwei Sektenzentren in den Kantonen Freiburg und Wallis durch eigene Hand. Die Toten waren kreisförmig ausgerichtet worden, was die Sonnenstrahlen symbolisieren sollte, und in weisse und goldene Kultgewänder gehüllt. Diese Ereignisse lösten weltweite Schockwellen aus. Von da an war Hugo Stamm als Sektenexperte in allen Medien präsent. Es folgten weitere Bücher, Vorträge, Radiointerviews und viele Talkshow-Auftritte im deutschen und Schweizer Fernsehen.

Mit seinen Berichten über Scientology wurde Hugo Stamm zum Hassobjekt der von L. Ron Hubbard gegründeten Sekte. Hubbard behauptete in einem Interview, dass er schon als junger Mann astrale Zeitreisen unternommen habe, die ihn in apokalyptische Sphären geführt hätten. So erklärte er einmal, dass er vor genau 43 891 611 177 Jahren, 344 Tagen, 10 Stunden, 20 Minuten und 40 Sekunden erstmals im Himmel gewesen sei. Seine Organisation nannte er zwar Kirche, doch in dieser gab es keinen Gott, nur einen Heilsbringer und Religionsführer – und dies war natürlich Hubbard selbst, der sich mit gottähnlichen Fähigkeiten ausgestattet sah. Scientology ist eine Sekte mit apokalyptischem Kern, denn wie viele andere Sektenführer zuvor sagte Hubbard das baldige Weltende voraus. Seine Anhänger wies er an, die ganze Welt rechtzeitig scientologisch zu machen, denn nur so hätten sie eine Überlebenschance.

Stamm kritisierte vor allem die undurchsichtigen Strukturen und Mechanismen von Scientology, mit denen die Mitglieder abhängig gemacht wurden. Dagegen protestierten die Scientologen nicht nur mit einer 200 Seiten starken Beschwerde beim Schweizer Presserat und mit Interventionen bei *Tages-Anzeiger*-Chefredaktor Roger de Weck. Sie organisierten sogar Demonstrationen gegen Stamm, bei denen sie durch die Innenstadt von Zürich und vor die Redaktionsräume zogen. Auf Plakaten protestierten sie mit Slogans wie «Hugo Stamm, Zürich's Vorbereiter des anti-religiösen Rassismus», «Ende mit der Hugo-Schlamm-Schlacht», «Guru Stamm manipuliert» und «Wir sind keine Menschen zweiter Klasse». Auch wurde Stamm während längerer Zeit von zwei Privatdetektiven überwacht.

Ähnliches erlebte er mit seinen Artikeln über die Psychosekte VPM, die vor allem in Lehrerkreisen verankert war und sich in politische und gesellschaftliche Themen einbrachte, etwa mit einer sehr konservativen Haltung zur Drogenpolitik. Als Stamm sein Buch *VPM – die Seelenfalle* veröffentlichte, wurde es in einer Pressemitteilung der Sekte als ein «Amalgam aus übelsten Erfindungen, Phantasien, Scheinrealitäten und malignen Schmähungen» beschrieben. «Goebbels und Stalin könnten vor Neid erblassen», urteilte man weiter. Und der *Tages-Anzeiger* habe sich als «entscheidender Kriegstreiber in der Kampagne gegen unbescholtene Bürger» entlarvt, befand der VPM. Auch hier gab es Demos. Diesmal lauteten die Parolen «Die Lüge fällt nicht weit vom Stamm», «VPM – ausgegrenzt vom Medienterror», «Volksverhetzung durch ‹Tages-Anzeiger›» «Auch Schreibtischmörder sind Verbrecher» und «Killer-Medien! Mutige Bürger werden grundlos diskreditiert».

Dabei blieb es nicht. Mehrere seiner Vorträge wurden durch VPM-Leute gestört, einige mussten wegen Tumulten gar abgebrochen werden. Nach einem Vortrag in Brugg wurde er von einem jungen Mann mit einem Faustschlag ins Gesicht niedergestreckt. Der Täter schlug mehrmals zu und beschimpfte ihn auf Schweizerdeutsch. Einmal wurde er von einem Autokorso verfolgt und eingekreist. Und ein andermal flog morgens um zwei Uhr früh ein Pflasterstein in sein Schlafzimmer, glücklicherweise ohne jemanden zu verletzen.

Darüber hinaus wurde Hugo Stamm vielfach eingeklagt. Ende der 1990er-Jahre waren nicht weniger als 13 Verfahren gleichzeitig gegen ihn hängig. In der Schweiz gewann er fast alle Prozesse. In Deutschland mit seinem strengen Presserecht unterlag er in einem der vom VPM lancierten Verfahren in acht von 25 Klagepunkten. Ein ähnlicher Prozess in Zürich ging hingegen voll zu seinen Gunsten aus.

«Man wollte mich mundtot machen. Doch ich habe auf alle diese Angriffe mit Wut und nicht mit Angst reagiert», erzählt Hugo Stamm. «Sie bewiesen mir nur zusätzlich, wie wichtig meine Aufklärungsarbeit ist. Aber ich weiss nicht, wie ich reagiert hätte, wenn man auch meine Familie direkt bedroht hätte.»

Ähnliches erlebte der renommierte Journalist Eugen Sorg, der während Jahren selbst VPM-Mitglied war. Sorg schrieb nach seinem Ausstieg einen Erlebnisbericht unter dem Titel *Lieblings-Geschichten* – eine Anspielung auf den Sektengründer Friedrich Liebling. Daraufhin brachen seine ehemaligen Kollegen in seine Wohnung ein, um kompromittierendes Material in Form von privaten Briefen und weiteren Unterlagen zu finden, mit denen sie eine vermeintliche Verschwörung von linksanarchistischen und homosexuellen Kreisen gegen ihre Gruppe beweisen wollten. Sie klagten Sorg auch an. Das Verfahren endete nach vier Jahren mit einem Vergleich, in dem Sorg sich allein verpflichtete, das Wort «paranoid» nicht mehr in Verbindung mit dem VPM zu verwenden. Der VPM wurde 2002 offiziell aufgelöst, wirkt aber mit mehreren Gruppen im Untergrund weiter. In seinen Publikationen wandte er sich in den Folgejahren vermehrt Themen wie 9/11 zu, weil man die Verschwörungen seither auf einer viel grösseren, nämlich globalen Ebene bekämpfen will. In diese Verschwörungstheorien werden die Uno, verschiedene Regierungen, Grosskonzerne, aber auch NGOs wie Greenpeace eingeschlossen.

Erkennt Hugo Stamm in den heute sehr aktiven Verschwörungstheoretikern ähnliche Tendenzen wie bei den von ihm analysierten Sekten? Und hat sich die Aggressivität gegenüber Kritikern nicht verändert, sondern sich bloss von der Strasse ins Internet verlagert? Und sind damit aus lokalen Kampagnen weltweite mit noch weit grösserer Wirkung geworden? Hugo Stamms Analyse ist eindrücklich:

«Viele sektenhafte Gruppen sind in bestimmten Bereichen Verschwörungstheoretiker und weisen in ihrer Denkweise und Weltsicht Parallelen zu diesen auf. Sie reduzieren komplexe Phänomene auf einfache Erklärungsmuster. Auch Sektengurus misstrauen dem politischen Establishment und sehen in den Medien die Handlanger der ‹geheimen Mächte›, die kampagnenartig ihre Glaubensgemeinschaft schlechtmachen. Die Sektenführer glauben, im Besitz der Wahrheiten zu sein, die für die Machthaber eine Gefahr darstellten und deshalb bewusst unterdrückt würden. Es ist das klassische Schwarz-Weiss-Denken, das wir bei den Verschwörungstheoretikern ebenfalls beobachten.

Bei sektenhaften Gruppen ist eine ähnliche Weltflucht zu beobachten wie bei Verschwörungstheoretikern. Dies führt zu Realitätsverlust und Wahrnehmungsverschiebungen. Es werden nur jene Informationen als stimmig oder wahr empfunden und ins Bewusstsein integriert, die die eigenen Ideen, Wünsche und ideologischen, weltanschaulichen oder religiösen Muster und Denkweisen stützen. Das führt zu einer ausgeprägten Autosuggestion, zu Projektionen und Rationalisierungen, die das Bewusstsein einschränken. Sowohl Sektenanhänger als auch Verschwörungstheoretiker zeichnen sich durch eine ausgeprägte Autoritätsgläubigkeit und ein radikales Freund-Feind-Denken aus. Sie glauben weiter, im Besitz der alleinigen Wahrheit zu sein, realisieren aber nicht, dass sie durch ihre selektive Wahrnehmung ihr Bewusstsein einschränken.

Es ist denn auch kein Zufall, dass radikale Esoteriker mehrheitlich Verschwörungstheoretiker im eigentlichen Sinn sind. Glaube und Weltanschauung durchdringen sich bei ihnen gegenseitig. Sie neigen zu rechtsradikalem Gedankengut und behaupten, unsere religiösen Wurzeln würden bei den Germanen und Kelten liegen. In ihren Augen ist Europa durch die christliche und jüdische Religion kolonisiert worden. Daraus leiten sie rassistische und rechtsradikale Ideen und Ideologien ab. Im Extremfall führt dies zur Verklärung des Dritten Reichs: Die Nazis hätten die alte Weltordnung wiederherstellen, das Germanentum auferstehen lassen und die arischen Menschen rehabilitieren wollen. Das Musterbeispiel einer sektenhaften Gruppe, die klassische Verschwörungstheorien glorifiziert, ist Fiat Lux. Die Sektenführerin Uriella hat als ‹Sprachrohr Gottes› sogar göttliche Botschaften empfangen, die an Verschwörungstheorien erinnern.

Bis in die späten 1990er-Jahre reagierten die meisten sektenhaften Gruppen ähnlich aggressiv gegenüber Kritikern wie Verschwörungstheoretiker. Ihr intolerantes bis radikales Verhalten löste heftige Diskussionen und unzählige Medienberichte aus, wie sich am Beispiel von Scientology und VPM exemplarisch nachzeichnen lässt. Die breite Berichterstattung führte zu einem irreparablen Imageschaden und einem Mitgliederschwund. Deshalb änderten die meisten Sekten in den letzten Jahren ihre Strategie und schleichen seither beinahe schon fast auf Samtpfoten umher. Was sie nicht weniger ‹gefährlich› macht. Sie treten seither auch bei ihren Missionskampagnen moderater auf.

Das hat auch damit zu tun, dass sektenhafte Gruppen ihre Aktivitäten zunehmend ins Internet verlagern. Hier können sie sich nach Belieben tarnen und aus dem Hinterhalt agieren. Ausserdem erreichen sie eine wesentlich grössere Aufmerksamkeit als bei den herkömmlichen Missionsmethoden auf Strassen und bei Missionsveranstaltungen.»

Es ist wenig überraschend, dass sich selbst traditionelle Gruppierungen wie Sekten den neuen technischen Möglichkeiten angepasst haben. Im Dunstkreis dieser geschlossenen Welten dominieren weiterhin dieselben, teilweise aggressiven Verhaltensmuster wie zur Zeit der weitgehend handgestrickten, örtlich limitierten Strassenproteste und Flugblattaktionen, wie sie Hugo Stamm erlebte. Vor allem die unbegrenzten Formen der Zweiwegkommunikation kommen diesen Bewegungen in besonderer Weise entgegen. Anders als früher können sie in permanentem Kontakt mit allen Anhängern bleiben und so viel aktiver auf alle Entwicklungen reagieren.

Wer aber sind die Menschen, die sich in besonderem Masse von den Gedankenkonstruktionen und Communities der Verschwörungstheoretiker angesprochen fühlen? Der Beantwortung dieser Frage wenden wir uns nun zu.

Manfred Petritsch: Freeman und sein «Alles Schall und Rauch»
Foto: Youtube

Die Fans

Daniele Ganser verschickte im Nachgang zur *Arena*-Sendung folgende Facebook-Information an seine Fans: «Man soll immer ruhig und friedlich bleiben und auch unbedingt andere Positionen gelten lassen. Aber man muss mutig sein, gerade in Zeiten wie diesen.»

Dieser sibyllinische Aufruf liefert zusätzliche Einsichten in Gansers differenziertes Vorgehen. Natürlich weiss er, wie extrem aggressiv sich viele seiner Fans für ihn in die Schanze schlagen. Er kennt ihre Intoleranz gegenüber abweichenden Meinungen, die er ja zuvor fachmännisch geschürt hat. Aber quasi offiziell distanziert er sich von den schlimmsten Auswüchsen, ohne sie jedoch klar abzulehnen. Denn gleichzeitig ermuntert er seine Anhänger zu «mutigen» Aktionen, ohne zu erklären, was er darunter versteht. Es soll wohl etwas zwischen aussergewöhnlich und spektakulär sein. Vor allem aber in grossem Stil.

Der Schweizer Medienjournalist René Hildbrand, der in diesem Metier eine jahrzehntelange Erfahrung vorweisen kann, hat nach der *Arena*-Sendung im Medienportal Persoenlich.com eine Kolumne veröffentlicht, in der er kritisierte, dass Ganser «für sehr viele Medienkonsumenten nachvollziehbar ein ‹Verschwörungstheoretiker› sei», den man gar nicht erst hätte einladen sollen. «Erst in der zweiten Hälfte der Diskussion gelang es, den wenig sympathischen und streckenweise unerträglichen Basler ruhig zu stellen.»

Umgehend wurde René Hildbrands Account von Hackern lahmgelegt. Es dauerte Tage, bis er sein Arbeitsgerät mithilfe von Spezialisten wieder funktionstüchtig hergerichtet hatte. Zwei Tage nach der Sendung schrieb Peter Hossli einen sehr kurzen, milden Kommentar im *Sonntags-Blick* zum gleichen Thema. In der Folge erhielt er Hunderte Mails von aufgebrachten Ganser-Fans, etwas, das er in seiner sehr langen Journalistenkarriere in diesem Ausmass noch nie erlebt hatte. Im Internetportal Watson ging William Stern ebenfalls auf die Sendung ein. Darauf wurde er von der Ganser-Gemeinde sowohl auf Twitter als auch auf Facebook heftig angegriffen. In teilweise gleichem Wortlaut wurde ihm in Form einer orchestrierten Aktion vorgeworfen, er diffamiere einen «angesehenen Forscher», der sich nur für den Frieden einsetze. Deshalb werde man von nun an sein Portal meiden. Die Kommentarspalte von «Watson» quoll in den folgenden Tagen mit über tausend Beiträgen über, von denen viele in sehr gehässigem Ton abgefasst waren.

Die Diktion in den meisten der mehr als 500 beim Ombudsmann der SRG eingegangenen Beanstandungen war ähnlich. Dort hiess es, die Sendung sei «sittlichkeitsgefährdend», «eine Hexenjagd», «Rufmord» und «Medienfaschismus» gewesen. Besonders kritisiert wurde der Moderator. Gegen ihn wurde sogar die Nazi-Keule benutzt: «Herr Projer gebärdete sich wie ein Grossinquisitor. Stellenweise, leider kann ich es nicht anders sagen, erinnerte mich sein Verhalten an Schauprozesse eines Roland Freislers in den dunkelsten Zeiten der deutschen Nazi-Vergangenheit.» Das Schweizer Fernsehen wurde mehrfach als «Nato-hörige, von amerikanischen Interessen geleitete staatliche Institution» und als «Lügenpresse» bezeichnet, der man in einer kommenden Volksabstimmung die Gebührengelder streichen müsse. «Es wird der Tag kommen, wo das Lügengerüst zusammenbrechen wird», heisst es in Eingaben. Auch der Treueschwur fehlte nicht: «Dr. Ganser ist für uns wichtig, und wir werden ihn verteidigen, solange es nötig ist.» In vielen Beanstandungen wurde eine öffentliche Entschuldigung des Moderators gefordert, zudem eine

Richtigstellung der Fakten, dann aber auch Sanktionen gegen die Verantwortlichen der *Arena* und – dies war wohl das Allerwichtigste – eine weitere Sendung, in der «Dr. Daniele Ganser ausführlich zu Wort kommen würde».

War all dies «mutig», wie es sich Ganser von seinen Fans gewünscht hat? Das Hacken des Internetzugangs eines Medienkritikers war es mit Sicherheit nicht, sondern vielmehr feige und heimtückisch. Und die vielen mit Beleidigungen, Unterstellungen und Drohungen vollgepfropften Beanstandungen und Kommentare waren es ebenfalls nicht. Aber ein Ziel wurde spielend leicht erreicht: Der Protest erreichte Rekorddimensionen, indem die vorherige Höchstzahl von Eingaben bei der SRG geradezu pulverisiert wurde. Zudem bietet die Kommentierung der *Arena* weiterhin optimales Material für Ganser, das er über Facebook und an all seinen Vorträgen mit Verve bewirtschaftet.

Alles lief also ab wie eigentlich immer. In einem *Spiegel*-Essay mit dem Titel «Der Hass der Bescheidwisser» beschrieb der Medienwissenschaftler Bernhard Pörksen diese Reaktion so: «Es braucht nur ein paar Klicks, um in einen merkwürdigen, dunklen Fiebertraum abzudriften, eine schweissnasse Angstfantasie, die von einer Medienverschwörung handelt und einer dämonischen Gewalt, die uns alle manipuliert und systematisch belügt. Die Mainstream-Medien, so heisst es ... massieren unsere Gehirne, bis wir die Wahrheit für Unwahrheit halten und die Illusion für die Realität.»

Wer aber sind die Leute, die sich an Verschwörungstheoretiker und ihre Thesen klammern? Gibt es besondere Charakteristika, die bei ihnen beobachtet werden können?

In mehreren Studien wurde versucht, diese zentrale Frage zu beantworten. So stellte der holländische Psychologe Jan-Willem van Prooijen von der Vrije Universiteit Amsterdam fest, dass Personen mit politischen Extrempositionen eher an Verschwörungstheorien glauben als andere. «Unsere Schlussfolgerung ist, dass politisch extreme Haltungen und der Glaube an Verschwörungstheorien direkt miteinander verbunden sind, und zwar aufgrund einer stark strukturierten Denkweise, mit der man sich Klarheit über gesellschaftliche Ereignisse erschaffen will.»

Die amerikanische Wissenschaftsjournalistin Sharon Begley weist auf mehrere Untersuchungen hin, in denen aufgezeigt wurde, dass gewisse Persönlichkeitsmerkmale bei Anhängern von Verschwörungstheorien seltener festzustellen sind als bei anderen Gruppen. Dies bezieht sich etwa darauf, ob man rücksichtsvoll, vertrauensvoll, kompromissbereit und liebevoll im Kontakt mit anderen Menschen ist. Leute, die in diesen Bereichen tiefe Werte erzielen, sehen häufiger überall Feinde und zetteln in vielen Fällen Streit mit anderen an. Und sie glauben öfter an Verschwörungstheorien.

Vor allem Personen mit tiefem Selbstwertgefühl suchen Gründe für ihre Probleme, auf die sie keinen Einfluss zu haben glauben, und landen damit sehr oft bei extremen Verschwörungstheorien. Sharon Begley schreibt: «Für Leute, die das Gefühl haben, dass sie keine Kontrolle über Ereignisse haben, die sie direkt betreffen, dass sie also nicht über ihr eigenes Schicksal bestimmen können, bieten Verschwörungstheorien eine attraktive Erklärung dafür an, weshalb dies so ist. Dank dieser Gefühle können sie ihr Selbstwertgefühl wiederherstellen, weil sie wissen, was abläuft und andere nicht.»

Manfred Spitzer schreibt in «Verschwörungstheorien – ganz normal und doch ein Problem»: «Wer Niederlagen erlebt, sein Vertrauen in die Obrigkeit verliert und sich seinem Geschick hilflos ausgeliefert sieht, reagiert mit Angst und bastelt sich sein eigenes Weltbild ... Und wer ängstlich ist und die Kontrolle verliert, sieht Dinge und Zusammenhänge, wo keine sind.» So produzieren Verschwörungstheoretiker nicht nur eine Fülle, sondern oft gar einen Überschuss an Bedeutung, als ob sie allein mit der Menge ihrer Argumente alle kritischen

Fragen zum Verstummen bringen wollen. «Wer generell wenig versteht, neigt eher zu Verschwörungstheorien; geringe Bildung gehört zu den wenigen immer wieder gefundenen Korrelaten von Verschwörungs-Theorie-Anhängerschaften», erklärt Spitzer. Er bezieht sich unter anderem auf eine amerikanische Studie von Joseph E. Uscinski und Joseph M. Parent. Diese ergab, dass 40 Prozent der untersuchten Personen mit High-School-Abschluss eine hohe Neigung haben, Verschwörungstheorien zuzustimmen. Bei Hochschulabsolventen liegt dieser Wert deutlich unter 30 Prozent.

Es sind vor allem Männer, die an Verschwörungstheorien glauben. Michael Butter schreibt in *9/11 – Kein Tag, der die Welt veränderte*, dass sich Verschwörungstheorien in den USA seit den 1960er-Jahren parallel zu Frauenbewegung und Emanzipation entwickelt haben und deshalb auch «als eine Form der männlichen Selbstbestätigung verstanden werden» müssen. Es handle sich um eine Reaktion auf Krisen der männlichen Identität, die durch diese gesellschaftlichen Veränderungen ausgelöst wurden.

Manfred Spitzer schliesst aufgrund von mehreren Studien: «Wer an eine Verschwörungstheorie glaubt, der glaubt auch an eine andere, selbst dann, wenn beide nicht zusammenpassen ... Was zählt ist also nicht die interne Konsistenz, sondern das Glauben an Verschwörungen, was auch immer deren Inhalt sei.» Das heisst, dass viele Leute gleichzeitig an Verschwörungstheorien glauben, die sich gegenseitig ausschliessen, und dies, ohne die logische Unmöglichkeit dieser Haltung zur Kenntnis zu nehmen.

All dies weist darauf hin, dass Verschwörungstheorien heute weit mehr als Randphänomene sind. Sie finden ihre Anhänger vor allem bei männlichen Personen mit tiefem Selbstwertgefühl, tiefem Bildungsstand, extremen politischen Ansichten, wenig Empathie und bei Personen mit grosser Angst vor Kontrollverlust über das eigene Leben. Ihnen liefern Verschwörungstheorien Halt und Sicherheit, weil sie dank der Verschwörungstheorien in jeder Situation die Schuldigen für das eigene Unglück benennen können. Dabei ist die Glaubwürdigkeit der einzelnen Verschwörungstheorie von sekundärer Bedeutung. Und wer sich einmal auf dieses Gebiet begeben hat, ist offen für weitere Verschwörungstheorien.

Verschwörungstheorien können negative Konsequenzen haben, wenn sie etwa Leute davon abhalten, sich innerhalb des politischen Systems zu engagieren oder Massnahmen gegen den Klimawandel zu unternehmen, schreibt der Sozialpsychologe Daniel Jolley. Dies kann für den Einzelnen direkte Konsequenzen haben. So lehnen viele Anhänger medizinischer Verschwörungstheorien Sonnenschutzmittel und Impfungen ab, auch wenn sich etwa der Zusammenhang zwischen Masernimpfungen und Autismus als falsch erwiesen hat.

Solche Menschen finden sich in obskuren Gruppen und Bewegungen zusammen, die sich vor allem im Internet betätigen. Aber einige veranstalten auch Treffen, um sich auszutauschen. Eine davon nennt sich «Alles Schall und Rauch» und ist im ganzen deutschsprachigen Gebiet aktiv, vor allem in Deutschland. Einer ihrer Führer ist ein Österreicher, der sich «Freeman» nennt und mit bürgerlichem Namen Manfred Petritsch heisst. Er betrieb zunächst eine Software-Firma, die später Konkurs ging. Seit 2007 betreibt er mit «Alles Schall und Rauch» einen der einflussreichsten Blogs der deutschsprachigen Verschwörungstheoretiker-Szene. Die Website mit gegen 200 Millionen Zugriffen seit 2007 dient als Einsteigerforum in die Truther-Szene. Petritsch äusserte sich in seinem Blog über Chemtrails, die vermeintliche Klimalüge, Mondlandungslüge, Peak Oil und über die angeblich von Regierungen gezielt lancierte Schweinegrippe. Wie bei vielen anderen war auch für ihn 9/11 das Erweckungserlebnis, wie seine Tochter Caroline in einem ausführlichen Bericht erzählt, den sie nach ihrem Ausstieg aus der Verschwörerwelt auf *Vice* veröffentlicht hat. Sie berichtet über apokalyptische Visionen dieser

Gruppe gegen die Verschwörung der New World Order (NWO), die von elitären Kräften wie der Rothschild-Familie geleitet würden. Dagegen müsse man sich zur Wehr setzen, lautet die Losung dieser Gruppe. Die Methoden der NWO seien es, die Erdbevölkerung auszubeuten, sie dumm zu halten sowie mit der Förderung der Homosexualität und mittels krankheitsauslösenden Impfstoffen zu dezimieren. Leute, die nicht daran glauben würden, seien dumm und feige. Die Feinde von «Alles Schall und Rauch» sind die Massenmedien, die Zionisten, die Banken und natürlich die USA. Es ist also das ganze, aktuell aufdatierte Repertoire der *Protokolle*.

Petritschs Tochter schreibt weiter: «Üblicherweise fanden *Truther*-Treffen auf abgelegenen Bauernhöfen statt. Es gab Wurst vom Grill und Bier und alles machte den Anschein einer gemütlichen Familienfeier. Solche Veranstaltungen brachten ungefähr zwei- bis dreihundert Personen zusammen. Es waren Leute, Arbeiter oder Sozialhilfeempfänger, und die Mehrheit davon waren Männer. Frauen wurden meistens nur als Anhänger mitgeschleppt, die dann schweigend daneben standen und ab und zu zustimmend nickten. […] Wie viele subversive Gruppen aus dem rechten Lager holen sich die *Truther* meistens Leute aus schwierigen sozialen Verhältnissen ins Boot. Menschen, die froh über Sündenböcke sind und in eloquenten Persönlichkeiten Führung suchen. Die *Truther* bestreiten eine Zugehörigkeit zum rechten Lager zwar vehement, jedoch sprechen meine persönlichen Erfahrungen für sich. Sexismus, Homophobie und Rassismus sind genauso verbreitet wie eine fehlgeleitete Vorstellung von Kultur und Heimatliebe», schreibt Caroline Petritsch.

Eine weitere Gruppe vertritt ebenfalls solche Verschwörungstheorien, nämlich Dschihad-Reisende und IS-Sympathisanten. Dies ist ein Resultat der Masterarbeit von Florent Biellmann, einer Analytikerin der Schweizer Bundespolizei, die die Lebensläufe dieser Personen untersucht hat. Deren Biografien zeichnen sich durch Brüche, traumatische Erlebnisse und eine minimale schulische Bildung aus. Die Verschwörungstheorien, an die sie vor allem glauben, sind – nicht ganz überraschend – die Anschläge von 9/11 und das Massaker bei *Charlie Hebdo*.

Vater Petritsch lebt heute in der russischen Provinz Abchasien am Schwarzen Meer und hetzt von dort weiter gegen den «teufelsanbetenden Westen». «Alles Schall und Rauch» taucht auch als Partner der prorussischen *ANNA News* auf, die von Abchasien aus aktiv ist.

Bei meinen Recherchen versuchte ich, direkt mit Fans von Verschwörungstheorien in Kontakt zu kommen, um mehr über ihre Motivationen zu erfahren. Nach der *Arena*-Sendung fielen mir in den überquellenden Kommentarspalten der Internetportale vor allem Dutzende von Wortmeldungen auf, die ein gewisser Thomas B. veröffentlichte, der mit seinem vollen bürgerlichen Namen zeichnete und seine Mitteilungen über viele Stunden hinweg im 20-Minuten-Takt versandte. Die Texte von Thomas B. hoben sich durch ihre gewählte Sprache und den Hinweis auf einen hohen Bildungshintergrund aus der Masse der Reaktionen hervor. Das interessierte mich. Deshalb nahm ich mit ihm Kontakt auf. Er entpuppte sich als Arzt aus der Umgebung von Zürich. Wir vereinbarten einen Termin, an dem ich ihm einige Fragen zu seinen Schlussfolgerungen stellen wollte, wie ich ihm während eines Telefonats mitteilte. Thomas B. sagte schriftlich zu, änderte aber dann seine Meinung aufgrund einer von mir veröffentlichten Kolumne zur *Arena*-Sendung bei Persoenlich. com, die ihm offensichtlich missfiel. Dies verkündete er in einem länglichen Kommentar, den er an gleicher Stelle placierte.

«Das unglaublich kompliziert Erscheinende, lieber Roger Schawinski, ist, wie fast immer, unglaublich einfach. Die Auflösung jedes kollektiven Verblendungszusammenhangs aka Aufklärung geht mit einer vorübergehenden Spaltung der Gesellschaft in bereits Aufgeklärte und noch Verblendete einher. Sie leben in zwei Anti-Universen und halten sich selbst für die Aufgeklärten, die anderen für die bestenfalls Verblendeten, schlimmstenfalls Idioten. Die bereits Aufgeklärten verhalten sich im Median wesentlich respektvoller, anständiger und geduldiger als die von ihnen in ihrer wohligen Märchenwelt gestörten noch Verblendeten, weil sie selber einmal verblendet waren und deshalb für letztere Verständnis zeigen, selbst wenn sie von ihnen auf das Übelste beschimpft und diffamiert werden, beispielsweise als ‹durchgeknallte Verschwörungstheoretiker›. Wie immer wird die Aufklärung siegen, einerseits weil sie eine Einbahnstrasse ist, andererseits weil die Wahrheit langfristig auch nicht mit der subtilsten Propaganda und der brutalsten Gewalt besiegt werden kann. Die Verblendung der westlichen Bevölkerung durch die westlichen Leitmedien, welche seit der kollektiven CIA-wood-Traumatisierung am 11. 09. 2001 geschlossen Ein-Quellen-Journalismus betreiben, indem sie uns nur das eine Narrativ erzählen, dasjenige der westlichen Geheimdienste/Regierungsstellen, der offenbar mittlerweile von vielen als ganz normal wahrgenommene globale Wahnsinn hat ein Ausmass angenommen, welches sich wohl nicht einmal Orwell und Huxley hatten vorstellen können, und das für uns alle lebensgefährlich geworden ist ... Geopolitisch sind selbst TASS und RT heute wesentlich ‹objektiver› als AP und SRF ... Soll man mit Verschwörungsignoranten und -leugnern, Menschen, die sich gegen die Aufdeckung von kriminellen Verschwörungen und die Bestrafung (schwer) krimineller Verschwörer ihrer Verblendung stellen, ergo Beihilfe zu Verbrechen leisten, gar nicht reden, lieber Roger Schawinski?»

Und auf seinem eigenen Blog Aventis verkündete er, dass für Leute wie ihn gelte, «den Mythen der eigensüchtigen Verblender die Fakten entgegenzustellen, deren Wahnsinn zu entlarven und ihm mutig und entschlossen entgegenzutreten, ohne Rücksicht auf eigene Nachteile, bei Bedarf auch mit ihrem Leben, um die Menschheit vor ihrer Unmenschlichkeit und somit vor sich selbst zu beschützen».

Trotz beinahe identischer Diktion verwahrt sich Thomas B. in einer Mail an mich, ein «Ganser-Jünger» zu sein. Das Gespräch mit mir sei für ihn aber nutzlos, da er nur in «erfolgsversprechenden Fällen» eine «Individualaufklärung für Verlorene» anbiete, die sich in «multiplen Verblendungszusammenhängen» verstrickt hätten, teilte er mir erklärend mit.

Dank seines hohen Bildungsgrads und seiner überdurchschnittlichen Formulierungsgabe sticht Thomas B. aus der Masse des Verschwörungstheoretiker-Fussvolks heraus, das sich ebenfalls permanent, jedoch mit weniger Eloquenz, aber mit denselben Meinungen im Internet zu Wort meldet. Deshalb ist die Leidenschaft, mit der der etablierte Arzt diese Tätigkeit zu seiner eigentlichen Lebensaufgabe gemacht hat, besonders bemerkenswert. Er begreift dies als missionarische Aufgabe, der er sich mit Haut und Haaren verschrieben hat und für die er sogar sein Leben zu opfern bereit ist, wie er offen verkündet. Diese Märtyrerhaltung, in die er sich hineingesteigert hat, multipliziert also sein Engagement im Kampf gegen die von ihm identifizierten, überall lauernden heimtückischen Feinde, obwohl diese bei nüchterner Betrachtung nicht als Lebensbedrohung für einen beruflich und gesellschaftlich etablierten Bewohner der Schweiz auszumachen sind. Damit präsentiert Thomas B. das gleiche Selbstverständnis, wie es Daniele Ganser vorgibt, dem er offenbar trotz gegenteiliger Beteuerung bedingungslos und mit demselben Furor in den verschwörungstheoretischen Kampf zu folgen bereit ist.

Und damit hatte ich im Prinzip alle Antworten auf meine nicht gestellten Fragen erhalten. Sogar gebildete, belesene und neugierige Menschen sind durch nichts aufzuhalten, wenn sie einmal in der Verschwörungstheoretiker-Welt angekommen sind. In einem weiteren Telefonat bestätigte mir Thomas B., dass es eben keinen Weg zurückgebe, wenn man zu diesen Schlussfolgerungen gelangt sei. Wem es einmal wie Schuppen von den Augen gefallen sei, der könne die Welt nie mehr anders betrachten, erklärte er mir. Und so wie ihm geht es offenbar unzähligen anderen Menschen, von denen die allermeisten kein Interesse zeigen, sich ernsthaft und ergebnisoffen mit anderen als den eigenen verschwörungstheoretischen Denkmustern auseinanderzusetzen. Deshalb sind Gespräche mit Menschen wie mir unergiebig und werden wegen ihrer Sinnlosigkeit grundsätzlich ausgeschlagen.

Dies war das Ende unserer Kommunikation, und Thomas B. wandte sich mit seinem aussergewöhnlich intensiven Mitteilungsbedürfnis wieder seinem unversiegbaren Strom von verschwurbelten Monologen zu, die er wie viele andere Truther pausenlos auf möglichst vielen Kanälen im Internet verbreitet.

Verschwörungstheoretiker sind also weder durch Diskussionen mit Andersdenkenden noch durch Fakten der von ihnen verteufelten Mainstream-Medien erreichbar. Entweder werden diese Medien von ihnen völlig ausgeblendet oder deren Darstellungen grundsätzlich abgelehnt. Verschwörungstheoretiker haben sich freiwillig in einer undurchdringlichen Echokammer eingeschlossen, in die kein Ton von aussen einzudringen vermag, während die eigenen Botschaften pausenlos von den Wänden zurückgespielt werden. – Ein ernüchternder Befund, der aufzeigt, dass es keine echte, erfolgversprechende Gegenstrategie gibt, der Gruppe der Verschwörungstheoretiker argumentativ zu begegnen. Und dies macht dieses Phänomen gleichzeitig so unheimlich und brandgefährlich.

Mathias Bröckers: Die «kognitive Dissonanz» zwischen Linken und Rechten
Foto: Westend Verlag

Links/Rechts

Oliver Stone, als Regisseur zweifacher Oscar-Gewinner und ausgezeichnet mit elf Oscar-Nominierungen, liebt historische Stoffe. Der ehemalige Vietnamkämpfer und jahrelange Konsument schwerer Drogen flüchtet in seinen Werken immer wieder in eine Welt der Gewalt. Aus dramaturgischen und politischen Gründen reichert er seine Filme zudem mit sensationsträchtigen Verschwörungstheorien an. So will er mit seinem Film *JFK* über die Ermordung von John F. Kennedy belegen, dass es sich um eine Verschwörung hoher amerikanischer Kreise gehandelt habe, und dies, obwohl die genauen Umstände und Hintergründe der Ereignisse von Dallas auch nach jahrelangen akribischen Untersuchungen nicht eindeutig geklärt werden konnten. Für einen Verschwörungstheoretiker wie Oliver Stone ist der Fall hingegen klar. Kevin Costner, der im Film den untersuchenden Staatsanwalt Jim Garrison spielt und die Meinung von Oliver Stone ausdrückt, erklärt, dass der «militärisch-industrielle Komplex» hinter dem Anschlag stehe. Als Experten für die historischen Hintergründe heuerte Stone unter anderen den Scientologen und Hochstapler L. Fletcher Prouty an, einen Unterstützer des Neonazis und Ku-Klux-Klan-Chefs David Duke. Auch in den Film *Nixon* über den gescheiterten amerikanischen Präsidenten lässt er verschwörungstheoretische Elemente einfliessen. 2010 veröffentlichte er eine zehnteilige TV-Serie zur amerikanischen Geschichte, die ebenfalls von Verschwörungselementen durchdrungen ist, und in der die US-Regierung als ewige Übeltäterin dargestellt wird.

Oliver Stone sieht sich selbst als Teils des linken politischen Lagers. Er war während langer Zeit ein grosser Verehrer und persönlicher Freund von Fidel Castro, über den er mit dem Film *Comandante* ein idealisierendes Werk schuf. Über Castro sagte er: «Er ist ein getriebener Mann, ein sehr moralischer Mann. Er macht sich viele Gedanken über sein Land. So gesehen ist er selbstlos.» Vor Kurzem veröffentlichte Stone ein vierteiliges TV-Interviewportrait über Wladimir Putin, das ebenfalls euphorisch ausfiel. Und damit belegte er, dass Verschwörungstheoretiker von Diktatoren und der von ihnen grenzenlos ausgeübten Macht fasziniert sind – und zwar unabhängig von deren ideologischer Positionierung, während sie Demokraten grundsätzlich kritisch bis negativ beurteilen. Und weil dies so ist, haben sich viele der führenden Verschwörungstheoretiker mühelos von einem extremen politischen Lager ins andere bewegt.

Verschwörungstheorien kamen, wie in den vorangegangenen Kapiteln dargestellt wurde, historisch vor allem aus rechten und rechtsextremen Kreisen. Die Weltverschwörung der ausbeuterischen Juden, die Machenschaften der aufklärerischen Geheimgesellschaften der Freimaurer und der Illuminati und ihre modernen Inkarnationen wie die Bilderberger wurden und werden für Leute von rechts für alles Übel dieser Welt verantwortlich gemacht. Gegen diese übermächtigen Kräfte müsse eine kleine Gruppe informierter und mutiger Menschen antreten, lautet deshalb die Losung dieser Verschwörungstheoretiker. Also sie.

Auch heute stehen rechte Verschwörungstheorien im Vordergrund. Es gibt aber auch einige wenige Theorien, die aus dem linken Lager kommen. Und erstaunlicherweise gibt es viele Übereinstimmungen in den zentralen Ansätzen der beiden polarisierenden politischen Positionen: Man trifft sich beim Antiamerikanismus, dem Antizionismus und Antisemitismus, der generellen Ablehnung der Werte des Westens und den Sympathien für autoritäre und totalitäre

Staaten, denen man wegen ihrer Opposition zur USA und zur Nato alle Übeltaten nachsieht.

In Deutschland zirkulierte etwa die linke Verschwörungstheorie, dass es sich beim Tod der RAF-Inhaftierten in Stammheim nicht um kollektiven Selbstmord, sondern um Mord gehandelt habe. Und Oskar Lafontaine, die Galionsfigur der deutschen Linken, trat kürzlich an einer Demonstration in Ramstein mit Leuten wie Ken Jebsen auf und erklärte in einer stark applaudierten Ansprache: «Wir haben nach wie vor eine unsichtbare Regierung, die die Geschicke dieser Welt bestimmt.»

Generelle linke Verschwörungstheorien beruhen meist auf den Übeln des Kapitalismus, des Privatvermögens und des Egoismus des Einzelnen. So wird auf die unüberwindbaren Klassenschranken, die wirtschaftliche Macht und die Ausbeutung durch Big Business hingewiesen, mit der sich die Mächtigen auf unfaire, verschwörungsmässige Weise Vorteile gegenüber den Schwachen sichern. Aus diesen Gründen fordern die Linken eine starke Regierung, die die grossen Ungleichheiten über Kontrollen und Regulierungen verringern sollen. Sie sind davon überzeugt, dass nur auf diese Weise Kriege verhindert und die Dominanz der weltweiten Konzerne verringert werden können. Es handelt sich also um viele Elemente, die auch in der marxistischen Theorie enthalten sind. Allerdings werden die Ansätze, den Leninismus insgesamt als Verschwörungstheorie zu beschreiben, vom Grossteil der aktuellen Forschung abgelehnt.

Viele der heutigen Verschwörungstheoretiker möchten nicht gerne in die rechte Ecke gestellt werden, obwohl die Indizien eindeutig sind. So behauptet Lars Mährholz, der Organisator der Montagsdemonstrationen, die während längerer Zeit unter dem Namen «Friedensbewegung 2.0» in verschiedenen deutschen Städten gegen den Krieg in der Ukraine durchgeführt wurden, dass er «weder rechts noch links» stehe. Auf seiner Facebook-Seite schreibt er: «Ich distanziere mich ausdrücklich von rassistischem, antisemitischem, faschistischem und nationalistischem Gedankengut!» Dazu meint Tobias Jaecker in seinem Essay «Hauptsache gegen Amerika»: «Doch viele seiner Teilnehmer hängen antidemokratischen und völkischen Ideen an, die sich in wilden antiamerikanischen Verschwörungstheorien äussern, teils mit deutlichen antisemitischen Untertönen. Es ist eine Ideologie, die Elemente linker und rechter Anschauungen verbindet. Antiamerikanismus hat sich über die Jahre zu einem Welterklärungsschema entwickelt, das in der gesamten Gesellschaft Anklang findet.»

Auch Daniele Ganser möchte nicht zum rechten Lager gezählt werden und spricht mit glänzenden Augen von seiner Bewunderung für Noam Chomsky, den weltberühmten Linguisten und bekanntesten Linksintellektuellen der USA. Er engagiert sich für erneuerbare Energien, ist stolzer Besitzer eines Teslas und bewohnt ein energiesparendes Haus, während die Rechten von der «Klimalüge» reden. Doch bei den wichtigen Fragen folgt er klar dem rechten Narrativ.

So zeigt Ganser kaum Berührungsängste bei Kontakten mit rechtsextremen und esoterisch angehauchten Kreisen. Er zitiert freizügig aus Artikeln von *Zeit-Fragen,* einer Zeitschrift der 2002 aufgelösten Psychosekte VPM. Und er trat 2014 beim Appenzeller Sektenguru Ivo Sasek auf, der selbst Holocaust-Lügner einlädt. Auch referierte er bei einer Konferenz des Kopp-Verlags, der sich auf die Veröffentlichung von Büchern von rechten Verschwörungstheoretikern spezialisiert hat. In Internettalks tauscht er sich öfters mit dem Geschichtsrevisionisten Michael Vogt aus und schreibt Artikel für den *Basel Express,* der sich mit einem Sammelsurium von Verschwörungstheorien zu profilieren versucht. Einen Vortrag an der Uni Tübingen liess er von «KenFM», das dem rechten Lager zugeordnet wird, filmen und ins Netz stellen. Ken Jebsen lobt Daniele Ganser als «Superstar», weil dieser Vortrag gegen 700 000 Mal geklickt wurde. Aus diesem Grund lud er Ganser mehrfach zu Sendungen von «KenFM» ein. Umgekehrt empfiehlt Ganser seinen Anhängern in seinem Blog dessen Portal.

Doch seit dem Eklat in der *Arena*-Sendung verhält sich Ganser etwas zurückhaltender. So sagte er einen bereits vereinbarten Auftritt beim Landesverband Nordrhein-Westfalen der AfD im Mai 2017 ab. Dort hätte er zu seinem Dauerbrenner «Der globale Kampf um Erdöl und Erdgas: Was bedeutet das für den Mittelstand?» sprechen sollen. Den Veranstaltern teilte der «Friedensforscher» in martialischer Diktion schriftlich mit: «Es herrscht ein Informationskrieg. Ich kann zu dieser Veranstaltung leider nicht kommen ... Doch weil verschiedene Medien derzeit versuchen, mich wegen meiner Forschung zu den Nato-Kriegen und zu WTC7 zu diffamieren und auch die AfD in die rechte Ecke rücken, kann ich diesen Vortrag leider nicht halten.» Er behauptet also, die «Medien» würden nicht nur ihn, sondern auch die AfD in die rechte Ecke stellen. Da sich die AfD gemäss ihrem eigenen Programm selbst deutlich am rechten Rand der deutschen Parteienlandschaft positioniert, um sich so von allen anderen Parteien abzugrenzen, argumentiert Ganser in dieser kurzen Mail mit mehreren Verschwörungstheorien, die gleichzeitig ihn, die Medien und die AfD umfassen. Gegen Ende 2017 drehte er wieder auf und äusserte Meinungen, mit denen er sich vor einem ganz rechten Publikum wie erhofft viel Applaus holte. So erklärte er bei einer Veranstaltung der Ramstein-Kampagne: «Ich darf das als Schweizer sagen. Ich sehe das so von aussen, was hier läuft. Deutschland wird immer niedergedrückt mit dem Stichwort ‹Hitler – Nationalsozialismus›. Das ist eine psychologische Kriegsführung, die Sie schon seit vielen Jahren erleiden. Jeden Abend um 22.00 Uhr: Hitler Waffensystem so, die Schergen so, alles, immer, das läuft immer. Und das ist ein Trick, um Sie runterzubügeln. Und dann sage ich, man müsste eigentlich diese Verbindung ‹Deutschland – Hitler›, die müsste man kappen, und man müsste machen ‹Deutschland – Goethe.›»

Auch gewisse Esoterikkreise bewegen sich in der Welt der Verschwörungstheoretiker. Sie bieten ebenfalls keine alternativen Erklärungsmodelle an, die in sich selbst konsistent wären, sondern nur solche, die in klarem Widerspruch zu allgemein anerkannten wissenschaftlichen Theorien stehen. Dabei unternehmen sie nicht einmal den Versuch, die eigene Weltsicht in Einklang mit der Wissenschaft zu bringen, sondern tauschen sich vor allem innerhalb ihrer Community im Internet aus. Es war für Daniele Gansers Entwicklung wohl nicht unbedeutend, dass er während vielen Jahren eine anthroposophische Schule in Basel besuchte, die auf den Lehren von Rudolf Steiner beruht und viele Elemente der Esoterik vermittelt.

In den USA beruft sich die Alt-Right-Bewegung beinahe ausschliesslich auf rechte Verschwörungstheorien. So behauptet sie, dass es in den 1930er-Jahren durch immigrierte deutsch-jüdische Wissenschaftler der Frankfurter Schule – Leute wie Theodor Adorno, Max Horkheimer, Herbert Marcuse und Walter Benjamin – eine Verschwörung in Richtung «kultureller Marxismus» gegeben habe, mit der die bestehenden Wertesysteme unterminiert werden sollten. Das Ziel dieser Bewegung sei nach wie vor die Errichtung einer Weltregierung, also genau gemäss dem klassischen Muster von Weltverschwörungstheorien.

Diese These wurde in den USA in den 1990er-Jahren zuerst von Neonazis verbreitet. Später wurde sie von Andrew Breitbart aufgenommen, dem Gründer des Rechtsaussenportals Breitbart News, das nach Breitbarts Tod von Steve Bannon geleitet wurde. Auf der eigenen Website attackierte Bannon Big Government, Big Hollywood und Big Journalism, also das düstere Dreigestirn des herrschenden Systems, das die Machtübernahme durch den «cultural marxism» vorbereiten würde. Breitbart beschreibt in seiner Autobiografie *Righteous Indignation* die Entdeckung des «cultural marxism» als sein eigentliches «Erweckungserlebnis».

Paul Joseph Watson, einer der leitenden Redaktoren von Alex Jones' *Infowars,* erklärte die Gründe für die in den USA herrschende Indoktrination und Degeneration so: «Warum ist die populäre Kultur so gekünstelt, leer, bedeutungslos, grotesk und unglaublich zurückgeblieben? Weil seit dem 20. Jahrhundert postmoderne, moralisch relativierende marxistische Nihilisten ihre Theorie verbreiten, um so die Kontrolle über die Gesellschaft zu erringen. Ihr Ziel? Die Fundamente der westlichen Zivilisation auf komplette Weise zu unterminieren und uns in die Unterwerfung und Kapitulation zu steuern.»

Dies sind die verschwörungstheoretischen Grundlagen, auf denen die heute sehr aktive und erfolgreiche amerikanische Alt-Right-Bewegung agitiert. Dies tut sie unabhängig von der Tatsache, dass sich die westliche Gesellschaft in den letzten Jahrzehnten in eine ganz andere Richtung entwickelt hat, nämlich in eine, in der es innerhalb des herrschenden Kapitalismus eine immer grössere Vermögenskonzentration bei immer weniger Menschen gibt.

Steve Bannon ist Leitfigur dieser Bewegung, die auch rassistisches Gedankengut verbreitet. So erklärte er an einer Konferenz im Vatikan im Jahr 2014, dass das «jüdisch-christliche Fundament» unterspült werde und dass wir es später bereuen würden, dass wir nicht früher auf die Angriffe der Muslime reagiert hätten. Diese Diktion nahm Donald Trump im Wahlkampf auf, als er als Reaktion auf den zeitweisen scharfen Rückgang seiner Zustimmungswerte einen kompletten Einreisestopp für Muslime ankündigte. Nach seiner Wahl wollte er dieses Versprechen mit einem Einreiseverbot von Personen aus vorwiegend muslimischen Ländern zumindest teilweise einlösen, was zuerst von mehreren Gerichten verhindert wurde, später aber durch den aktuell von Konservativen dominierten Obersten Gerichtshof teilweise gutgeheissen wurde.

Trumps im Wahlkampf geforderter Einwanderungsstopp für Muslime war mehr als wohlfeile Kampagnenrhetorik. Sie basiert auf einem ideologischen Konzept, das vor allem von Trumps ehemaligem Strategieberater Steve Bannon und den Vertretern der Eurabia-Verschwörungstheorie vertreten wird. Wie Zack Beauchamp in einer eingehenden Analyse im Onlineportal Vox.com darstellte, gibt es heute mächtige Organisationen in den USA, die von einem islamischen Plan ausgehen, gemäss dem die USA von innen heraus übernommen werden sollen. Das Center for Security Policy (CSP) ist die Speerspitze dieser Bewegung, die behauptet, dass alle Muslime die religiöse Verpflichtung haben, den Westen zu erobern und seine Regierungen durch ein islamisches Kalifat zu ersetzen. Diese Interpretation des Korans wird von keinem einzigen ernsthaften Islamwissenschaftler geteilt. Eurabia-Anhänger weisen dies mit dem Argument zurück, dass dies bloss ein weiterer Hinweis darauf sei, wie viel Macht die Scharia-Propaganda bereits gewonnen habe. Und damit sind wir auch hier in der Welt einer Verschwörungstheorie angelangt.

Die in Kairo geborene Britin Gisèle Littmann publizierte unter dem Pseudonym Bat Ye'Or im Jahr 2005 ein Buch unter dem Titel *Eurabia: The Euro-Arab Axis*. Darin weist sie auf einen angeblich geheimen Plan aus dem Jahr 1973 hin, gemäss dem die Muslime die Macht in Europa übernehmen sollen, um daraufhin die dort lebenden Christen und Juden in den im Koran erwähnten Status von «dhimmis», also zu Zweitklassbürgern, zu degradieren. Die Autorin Brigitte Gabriel, eine libanesische Christin, erklärte in einem Radiointerview mit dem damaligen Chef von «Breitbart News», Steve Bannon: «Europa ist bereits heute Eurabia». Weil die muslimische Einwanderung Europa zu einem vom Terror durchsetzten Kontinent gemacht habe, der an der Schwelle der Einführung der Scharia stehe, sei es die erste Priorität, dafür zu sorgen, dasselbe in den Vereinigten Staaten zu verhindern. Mehrere in den USA zu Bestsellern avancierte Bücher nahmen solche Thesen auf. Thorsten Gerald Schneiders schreibt in seinem Buch *Islamfeindlichkeit: Wenn die Grenzen der Kri-*

tik verschwimmen, dass der Begriff Eurabia ein Mittel sei, um islamfeindliche Angstszenarien zu zeichnen.

Was zuvor allein von rechtsextremen Gruppen vertreten wurde, hat also Eingang in die Politik der amerikanischen Regierung gefunden. Denn nicht nur Steve Bannon, Donald Trumps ehemaliger Strategiechef, vertritt solche Thesen. Ähnlich argumentieren auch Justizminister Jeff Sessions, CIA-Chef Mike Pompeo und der kurzzeitige Sicherheitsberater Michael J. Flynn. Dieses Denken bestimmt immer mehr die Politik von Präsident Donald Trump, der sich unter Vorspiegelung von Massnahmen gegen den islamischen Terrorismus eine Verschwörungstheorie zu eigen gemacht hat, die sich als Kampf gegen alle Muslime entpuppt, die in den USA leben oder in dieses Land einreisen möchten. Seine reflexartige Reaktion auf die Kritik von liberaler Seite ist es, sich mit seinem harten Kern, dem extremen Rand der Rechten, zu verbünden. Das sind Neonazis, der Ku-Klux-Klan und die «white supremacists», die Verherrlicher der weissen Rasse. Also die selbstdeklarierten Rassisten. Auf deren Seite schlug er sich nach den Aufmärschen und den blutigen Zwischenfällen in Charlottesville im August 2017. Damit brach er als Präsident ein weiteres Tabu, und dies in einer Nation, die gewaltige Opfer im Kampf gegen den Faschismus erbracht hatte. Wer sich so verhält, ist ohne Wenn und Aber ein Rassist, auch wenn er zurzeit im Weissen Haus residiert.

Zur Kritik an der von ihm geführten Wahlkampagne für Donald Trump meinte Bannon im November 2016 in enthüllender Weise: «Finsternis ist gut. Dick Cheney. Darth Vader. Satan. Das ist Macht.»

Steve Bannon, der sich selbst als «Leninist» bezeichnet, erläuterte: «Lenin wollte den Staat zerstören, und das will ich auch.» Dieser Aufgabe widmete er sich während eines halben Jahrs, nur wenige Meter vom Oval Office entfernt, vor allem mit seinem Kampf gegen den «deep state».

«Deep state» ist eine in den USA entwickelte Verschwörungstheorie, die davon ausgeht, dass ein Staat innerhalb des Staates besteht. Dieser kontrolliere die Politik unabhängig davon, welche Partei die demokratischen Institutionen – also Parlament, Regierung und den Obersten Gerichtshof – beherrsche. Der frühere republikanische Kongressmitarbeiter Mike Lofgren definierte den «deep state» als eine hybride Vereinigung von Elementen der Regierung und Teilen der obersten Schichten der Finanzindustrie, die die USA regieren, und zwar unabhängig von den durch den Wahlprozess gewählten Personen. Als Beweis für die Existenz eines «deep state» wurden von der Trump-Administration und «Breitbart News» die häufigen Informationslecks genannt, die zu den laufenden Enthüllungen in der *New York Times* und der *Washington Post* geführt haben. Mit solchen Informationen solle die Trump-Regierung destabilisiert und delegitimiert werden.

Steve Bannon hat bei seinem ersten Interview nach Trumps Amtsantritt vor einer riesigen Versammlung von Konservativen in Washington erklärt, dass er sich deshalb eine «administrative deconstruction» (Zerstörung der Verwaltung) zum Ziel gesetzt habe. Damit meint er offenbar eine weitgehende Entmachtung jener nach professionellen Kriterien ausgewählten leitenden Mitarbeiter in den Regierungsämtern, die er als «deep state» bezeichnet. Eine solch radikale Säuberungsaktion würde eine massive Entkernung der über Jahrzehnte entstandenen staatlichen Strukturen darstellen und die Macht des Präsidenten in Richtung einer autoritativ gelenkten Staatsführung ausweiten, wie man es zurzeit etwa in Polen und Ungarn erlebt. Auf diese Weise würde das historisch gewachsene amerikanische Regierungssystem mithilfe einer Verschwörungstheorie eines selbst deklarierten Leninisten weitgehend aus den Angeln gehoben.

Wie die *New York Times* festhielt, ist Steve Bannons Denken vor allem von dem Buch *The Fourth Turning* bestimmt, das 1997 von den zwei Amateurhistorikern Neil Howe und Williams Strauss publiziert wurde, und in dem jeweils 80 Jahre lange Zyklen von Wohlstand und Katastrophe beschrieben sind. Der aktuelle Zyklus soll im Jahr 2025 seinen Tiefpunkt erreichen. Steve Bannon hat dieses Buch mit seinen düsteren, an Nostradamus erinnernden quasi-religiösen Prophezeiungen vielen seiner Freunde empfohlen. «Ich glaube, es besteht kein Zweifel, dass sich die Welt am Anfang einer Krise befindet, die sie nicht vermeiden kann», hat er seine Weltsicht in einem Interview im April 2017 erläutert. Auf dieser Grundlage hat er die Erklärung für seine Politik der Angstmacherei und der deshalb notwendigen extremen Massnahmen entwickelt.

Aus Bannons ideologischer Küche stammt auch der Angriff auf die sogenannten Globalisierungsbefürworter. An einem seiner letzten Wahlkampfauftritte in Florida beschuldigte Donald Trump seine Gegnerin Hillary Clinton, dass sie im Herzen einer weltumspannenden Verschwörung mit internationalen Bankiers sitze, «die die Zerstörung der amerikanischen Unabhängigkeit» bezwecke. Dieser Angriff auf die Globalisierung ist ein Thema, mit dem die Ängste der radikalen Rechten in den USA bewirtschaftet werden und das auf Rassismus, Fremdenfeindlichkeit und Antisemitismus beruht.

Die vor allem von rechtsextremen und rechtspopulistischen Gruppen postulierten Positionen mit verschwörungstheoretischem Charakter haben in jüngster Zeit Eingang in die Politik mehrerer Länder gefunden. Die auf rassistischen oder religiösen Vorurteilen schlummernden Meinungen wurden so an die Oberfläche und bis in die Regierungsviertel geschwemmt. Mit der Wahl von Donald Trump wurde bei diesem Prozess ein Quantensprung erzielt, der an Bedeutung kaum überzubewerten ist. Der von höchster Stelle sanktionierte und damit zulässige Zugriff auf Verschwörungstheorien, mit denen man sich in kritischen Situationen Vorteile verschaffen will, wird auf diese Weise weiter um sich greifen.

Mehrere alternative Internetportale sind heute nicht mehr klar der rechten oder der linken Verschwörungstheoretiker-Welt zuzuordnen. So schreibt Lothar Stuck in «Medienwoche»: «Auf einigen Gebieten fallen die Diagnosen zwischen der konservativen und der linken Alternativpublizistik nahezu identisch aus. Man kritisiert Einseitigkeiten und Lückenhaftigkeiten der Leitmedien und will sich gegen den herrschenden Diskurs stellen.» Seit einigen Jahren wurden in Deutschland unter der Bezeichnung «Querfront» aus extrem linken und rechten Lagern vermehrt lagerübergreifende Koalitionen mit anti-emanzipatorischen Schnittmengen gebildet.

Der rechte deutsche Verschwörungstheoretiker Mathias Bröckers hat etwa das rechte Argument vom «deep state» aufgenommen und fordert die Linken in einem Artikel im Internetportal Rubikon unverhohlen auf, ihre «kognitive Dissonanz» gegenüber diesem Thema aufzugeben, um sich ebenfalls dieser These anzuschliessen. Dies ist ein klarer Hinweis darauf, dass führende Verschwörungstheoretiker versuchen, die Reihen zwischen Linksaussen und Rechtsaussen zu schliessen, weil sie sich in den zentralen Verschwörungstheorien einig zu sein scheinen. Und gemeinsam fühlt man sich eben stärker.

Diese Kungelei zwischen den beiden Extremen ist eine äusserst besorgniserregende Entwicklung. Historisch haben sich die beiden Lager aufs Heftigste bekämpft. Wenn sie sich nun aber gemeinsam gegen die echten Demokraten verbünden, um mithilfe von Verschwörungstheorien autoritative Strukturen zu fördern, können Entwicklungen in Gang gesetzt werden, die zu gewaltigen Erschütterungen führen werden. Ausgerüstet mit einem weitgehend identischen Arsenal von Verschwörungstheorien können sie versuchen, westliche Gesellschaften aus den Angeln zu heben. Da viele ihrer Aktivitäten bisher weitgehend unter dem Radar einer grossen Öffentlichkeit stattfinden, werden effektive Gegenmassnahmen möglicherweise ausbleiben, bis irreversible Umstände geschaffen werden. Die jüngsten Ereignisse in den USA deuten darauf hin, dass sich sehr vieles in sehr kurzer Zeit verändern kann, wenn gewisse strategisch zentrale Knöpfe gedrückt werden.

Fazit

In diesem Buch wurden einige der heute führenden Verschwörungstheoretiker und ihre Methoden vorgestellt und analysiert. Das Fazit fällt sehr ernüchternd aus. Diese Leute gründen ihre Thesen nicht allein auf Vorurteile und selektiv ausgewählte Daten. Sehr oft ist ihr ganzes Vorgehen eine bewusste Verballhornung seriöser Herangehensweisen. Und in vielen Fällen handelt es sich um nichts mehr als krude Geschäftemacherei einer international vernetzten Truppe von Schlangenölverkäufern.

Verschwörungstheoretiker verschleiern oft auf raffinierte Weise ihr eigentliches Anliegen. Indem sie etwa vorgeben, keine gültigen Antworten zu liefern, sondern bloss Fragen zu stellen, produzieren sie eine Nebelwand, hinter der die Fakten nicht mehr zu erkennen sind.

Daniele Ganser ist mit seinem Kampfruf «Prüfen Sie, prüfen Sie, glauben Sie nicht blind» einer der Meister dieser Truppe. An seinem Beispiel können die Widersprüche besonders deutlich aufgezeigt werden. So präsentiert er sich als Forscher und Akademiker. Doch sein Vorgehen ist das pure Gegenteil von Wissenschaftlichkeit. In der Wissenschaft geht man an jede neue Untersuchung ergebnisoffen heran, denn nur auf diese Weise erzielt man Resultate, die einer neutralen, seriösen Überprüfung standhalten. Und die vornehmste Aufgabe von Wissenschaft ist es nicht, gezielt Unsicherheit zu fördern, sondern überprüfbare Antworten zu liefern.

Gansers Vorgehen ist der wissenschaftlichen Methode diametral entgegengesetzt. In seinen Büchern und Vorträgen stützt er sich auf viele Vorurteile und Analogieschlüsse. Gemäss diesen sind die USA und die Nato wegen ihrer Sünden der Vergangenheit bei jedem neuen Verbrechen automatisch als Bösewichte identifiziert. Aber Ganser geht noch einen entscheidenden Schritt weiter. Er verwendet nämlich sogar den direkten Umkehrschluss. Dies bedeutet: Bei allen neuen Ereignissen sind nicht nur die von ihm seit Jahren eruierten Täter schuldig, sondern ihre Kontrahenten in jedem Fall und damit automatisch unschuldig. Dies muss natürlich zu extremen Verrenkungen führen, wenn man etwa bei Giftgasangriffen in Syrien Assad und Russland reflexartig freisprechen muss, da von der «Friedensbewegung» ein anderes Ergebnis unter keinen Umständen festgehalten werden darf. Denn dies würde die eherne Grundthese ins Wanken bringen. Das bedeutet, dass man eben nicht «prüft und prüft» und «Fragen stellt», wie Ganser fälschlicherweise vorgibt, sondern dass er das immer gleiche Resultat als Ausgangspunkt nimmt. Für dieses klaubt er hinterher auch die obskursten Indizien zusammen, die diese These stützen, und ignoriert oder desavouiert alle Personen oder Institutionen, die sie mit ihren Beweisen widerlegen können.

Für Verschwörungstheoretiker wie Ganser darf es unter keinen Umständen geschehen, dass ihr Weltbild durch irgendwelche unangenehmen neuen Ereignisse ins Wanken geraten könnte. Darum besteht die Gansersche Welt nicht aus Forschungsresultaten, wie er permanent vorgibt, sondern aus Dogmen und Mythen, die auf Teufel komm raus als Verschwörungstheorien unters Volk gebracht werden. Auch deshalb verweigert sich Ganser den kritischen Fragen unabhängiger Journalisten und bewegt sich ausschliesslich innerhalb seiner selbst gebastelten ideologischen Echokammer. Mit seinem fanatischen Vorgehen verletzt er die bereits von Tacitus beschriebene Grundregel für wissenschaftliche Aktivitäten (*sine ira et studio* – «ohne Zorn und Eifer») in geradezu grotesker Weise.

Ihre wichtigste Frage, die nach den Nutzniessern einer Aktion – *Cui bono?* –, beantworten Verschwörungstheoretiker nicht mit sorgfältigen Analysen, sondern mit dem reflexartigen Hinweis auf die in ihrer Welt üblichen Verdächtigen. Die sollen für alle Missetaten verantwortlich sein. Das sei so bei 9/11, bei *Charlie Hebdo* und allen anderen Anschlägen. Verschwörungstheoretiker scheinen die feststehenden und gut recherchierten Fakten bewusst unbeachtet zu lassen. Dies tun sie in geradezu grotesker Weise auch in Bezug auf die klar formulierten Strategien, Ziele und Siegesmeldungen von Terrororganisationen wie al-Kaida oder IS. Deren unermesslicher Hass auf den Westen ist durch ihre eigenen Schriften ebenso detailliert dokumentiert wie ihr taktisches Vorgehen. Mit ihren Terroraktionen wollen sie Aufmerksamkeit in den weltweiten Medien erzielen und gleichzeitig die antiislamischen Tendenzen in westlichen Ländern anfachen, um in einer auf diese Weise polarisierten Gesellschaft laufend neue Fusssoldaten und Selbstmordattentäter zu rekrutieren. Doch Verschwörungstheoretiker, die ihren eigenen Dschihad gegen die USA und die Nato führen, blenden all dies kategorisch aus, weil ihre Beweisführung sonst wie ein Kartenhaus zusammenfallen würde.

Daniele Ganser unterscheidet sich von anderen führenden Köpfen dieser Szene nur dadurch, dass sich diese kein akademisches Mäntelchen umhängen, sondern ohne Rücksicht auf die mit diesem Attribut verbundene Zurückhaltung voll reinhauen. Das tut ein Alex Jones in den USA oder ein Ken Jebsen in Deutschland, und viele andere dazu. Dabei ist bei einigen der erfolgreichsten Verschwörungstheoretiker nicht klar, ob es sich um Überzeugungstäter oder um Gaukler und Durchgeknallte handelt, die vor allem ein äusserst einträgliches Geschäft betreiben, wie etwa Alex Jones' Anwalt in dessen Scheidungsprozess behauptet hat. Dass Jones ihn an dieser imageschädigenden Aussage nicht hinderte, lässt jede Interpretation zu.

Erich von Däniken wirkt wie einer der Illusionisten, die man in früheren Zeiten auf Marktplätzen antraf. Seine Gelassenheit gegenüber der heftigen Kritik an seinen Schlussfolgerungen deutet darauf hin, dass er selbst überrascht zu sein scheint, dass er mit seinen Thesen über Ausserirdische und seine haarsträubende Version der Entstehungsgeschichte der Menschheit während so vieler Jahre erfolgreich durch die Welt tingeln konnte. Und David Icke wird mit seiner Reptiloiden-Theorie von vielen entweder als Betrüger oder als Wahnsinniger gesehen, der aber mit seinem irren Storytelling ein sehr einträgliches Geschäft betreibt.

Dann gibt es solche, die ihre rechtsextremen Meinungen mit einem journalistisch seriösen Mäntelchen zu kaschieren versuchen, um so ihre Verschwörungstheorien wirkungsvoller belegen zu können. Zu dieser Gruppe gehören ein Mathias Bröckers oder ein Ken Jebsen, die zur Verbreitung ihrer Botschaften die heute erfolgreiche rechtspopulistische Welle reiten und in diesem politischen Lager ihre innigste Anhängerschaft gefunden haben. Ihr grosser Verbündeter ist Wladimir Putin, der Rechtsaussenparteien nicht nur mit der grossflächigen Lancierung von Fake News und Verschwörungstheorien versorgt, sondern sie in grossem Stil auch finanziell unterstützt. Dies alles ergibt eine unappetitliche Melange, in der der Antiamerikanismus mit jeder denkbaren Manipulationsmethode und über möglichst viele Kanäle bewirtschaftet wird.

Donald Trump erweiterte die Kampfzone der Verschwörungstheoretiker in einer zuvor unvorstellbaren Weise. Mit seiner grenzenlosen Schamlosigkeit stützt sich der politische Opportunist immer dann auf solche Thesen, wenn er sich davon persönlichen Nutzen verspricht. Er schreckt aber auch vor ideologischen Extrempositionen nicht zurück, die ihm von seinem Vordenker Steve Bannon aufbereitet werden, wenn er sie als politisch nützlich einschätzt. Damit öffnet er Schleusen, die bisher als verschlossen galten. Wenn Verschwörungstheorien von höchster Stelle mit grosser Kadenz abgefeuert und blitzschnell von immer neuen Lügen abgelöst werden, erhalten sie eine gesellschaftliche Akzeptanz, die sie früher nicht erlangen konnten. Dies führt in weiten Bevölkerungskreisen zu einer fortschreitenden Lähmung des Schockpotenzials und damit zu einem besorgniserregenden moralischen Zerfall. Falls Donald Trump damit ungeschoren davonkommt und seine Amtszeit irgendwie zu Ende bringt oder gar wiedergewählt wird, sind die dadurch langfristig ausgelösten Verwerfungen in ihrer Wirkung kaum zu überschätzen.

Wie kann man diesem allem begegnen? In der *New York Times* wies David Brooks auf ein Gegengift gegen das zersetzende verschwörungstheoretische Denken hin, nämlich auf die Bescheidenheit. «Ich meine, dass man den Mut hat zu begreifen, dass die Welt zu komplex ist, um sie in ein einziges politisches Glaubenssystem zu pressen. Es heisst, dass man verstehen muss, dass es keine einfachen Antworten oder bösartige Verschwörungen gibt, die die grossen politischen Fragen oder die existentiellen Probleme zu erklären vermögen. Fortschritt erreicht man nicht, indem man einen Schwarm von bösartigen Feinden zerschlägt. Man erreicht ihn nur, indem man ein delikates Gleichgewicht zwischen Freiheit und Sicherheit findet, zwischen Solidarität und Verschiedenheit ... Es gibt keine ultimative Lösung, die den Konflikt löst, sondern nur ein endloses Suchen und Anpassen.»

Welche Verschwörungstheoretiker sind aber die gefährlichsten? Sind es die vorwiegend ideologisch getriebenen Protagonisten, die meist der politisch ganz rechten Ecke zuzuordnen sind? Oder sind es die reinen Geschäftemacher, die dieses vielversprechende Feld vor allem aus kommerziellen Gründen beackern? In der unermesslich weiten Welt des Internets sind die Verdienstmöglichkeiten mit der Verbreitung von Fake News und extremen Verschwörungstheorien ins Gigantische gestiegen und ziehen deshalb eine grosse Zahl von besonders düsteren Figuren an. Dieser Aspekt sollte bei der Analyse dieses Phänomens auf keinen Fall unterschätzt werden.

Oder sind es die Opportunisten, die selbst die absurdesten Verschwörungsthesen zur eigenen Machtentfaltung nutzen? Oder sind es gar solche, die aus all diesen aufgeführten Gründen gemeinsam den fanatischen Kampf gegen das «Böse» in der Welt gewählt haben? Eine generelle Antwort auf diese Fragen gibt es nicht. Aber die Vielfalt der zugrundliegenden Motivationen belegt die Komplexität des Phänomens, was eine genaue Analyse und damit auch mögliche Gegenstrategien erschwert.

Kann und soll man Verschwörungstheoretiker in den seriösen Medien generell ignorieren, sogar wenn es sich wie bei Steve Bannon um eine Person handelt, die im Vorzimmer des Präsidenten sass? Oder wie bei Alex Jones um einen erklärten Freund von Donald Trump mit einer Anhängerschaft von Millionen von Amerikanern, die seinen Beschwörungen Glauben schenken? Ist Ausgrenzung die richtige Methode, mit diesen prominenten Provokateuren und ihrem direkten Einfluss auf die Staatsmacht umzugehen, weil sie jeden ihrer Auftritte für ihre persönlichen Zwecke zu manipulieren wissen?

In den USA wird diese Frage aktuell heftig diskutiert. So hat ein im letzten Jahr ausgestrahltes grossflächiges Interview der TV-Starjournalistin Megyn Kelly mit Alex Jones viel Staub aufgewirbelt. Das Urteil der Kritiker fiel hart aus, da es Kelly selbst bei den skandalösesten Behauptungen von Alex Jones nicht gelang, gegen den mit allen Wassern gewaschenen Verschwörungstheoretiker richtig zu punkten. In einem Vorgespräch hatte sie ihm sogar zugesagt, ein faires Interview ohne Fallen («non-‹gotcha› questions») zu führen, wie Alex Jones bereits im Vorfeld der Ausstrahlung genüsslich auf seiner Homepage verbreitete, was ein Hinweis dafür war, dass die harte Interviewerin Megyn Kelly diesen sensationsträchtigen Gast auch aus Quotengründen und unter Verletzung journalistischer Kriterien in ihrer neuen Sendung bei NBC haben wollte.

Ich selbst habe nach einigen schmerzlichen Erfahrungen entschieden, eindeutige Provokateure und Verschwörungstheoretiker nicht mehr ins TV-Studio oder in meine wöchentliche Radiosendung zu ausführlichen Interviews einzuladen. Ihre Taktik, sich den Antworten auf gestellte Fragen konsequent zu verweigern, um im Gegenzug pausenlos die eigenen Standardargumente abzusondern, verhindert meiner Erfahrung nach jeden Erkenntnisgewinn und trägt mehr zur Verwirrung als zur Aufklärung der Zuschauer bei. Deshalb halte ich mich seit einigen Jahren grundsätzlich von diesen quotenträchtigen Sendungen mit garantiertem Skandalpotenzial fern.

Aber wie müsste man sich verhalten, wenn auch bei uns Verschwörungstheoretiker ins Zentrum der Macht vorstossen würden, wie wir es zurzeit in den USA erleben? Wäre man dann nicht auch gefordert, den von diesen Personen verbreiteten Verschwörungstheorien entgegenzutreten, um zu versuchen, sie öffentlich zu widerlegen? Hätte man dabei eine echte Chance, oder wäre ein solches Unterfangen stets kontraproduktiv? Die bisherigen Erfahrungen deuten eher auf das Zweite hin.

Insgesamt handelt es sich also bei den wichtigsten Verschwörungstheoretikern um eine zwielichtige Gruppe von Menschen, die für neutrale Beobachter allesamt wenig Glaubwürdigkeit und Seriosität ausstrahlen. Aber vielleicht sind genau diese Charakterzüge eine unabdingbare Voraussetzung, um mit wilden Behauptungen, Konstruktionen, Lügen und Schuldzuweisungen im Trüben fischen zu können. Das postfaktische Zeitalter ist für diese Truppe jedenfalls das ideale Biotop, in dem sie ihre düsteren Erzählungen und Schauergeschichten zum Erblühen bringen können. Und die Gewinnmöglichkeiten sind schlicht zu gigantisch, um von ihnen ignoriert zu werden.

Wie soll man mit den Anhängern von Verschwörungstheorien umgehen, deren Zahl ständig zu wachsen scheint? Sollten sie ebenfalls bestmöglich ignoriert werden, oder gilt es, sich mit ihnen auseinanderzusetzen? Michael Butter sagte in einem *Zeit*-Interview über den Umgang mit Verschwörungstheoretikern: «Man könnte sagen, dass diese Leute die sogenannten Mainstream-Medien ohnehin nicht mehr wahrnehmen und also gar nicht erreicht werden können. Dennoch gilt: Selbst wenn man die Verschwörungstheoretiker nicht erreicht, um die Zweifler muss man sich kümmern. Deshalb bleibt Journalisten nichts Anderes übrig, als rationale Argumente zu bemühen und alles immer wieder von Neuem zu erklären.»

Mit Transparenz erreicht man also gemäss der Meinung von Experten bestenfalls die Zweifler, nicht jedoch die militanten Anhänger von Verschwörungstheorien. Die gehen immer davon aus, dass es sich bei den offiziellen Versionen von Attentaten oder anderen aufsehenerregenden Ereignissen um blosse Inszenierungen der «Elite» oder des «militärisch-industriellen Komplexes» handelt und dass die wahren Entscheidungen weiterhin in Geheimkreisen getroffen werden, denen man auf die Spur kommen muss.

Um die Zweifler zu erreichen, muss man sie allerdings mit Informationen versorgen, die sie als glaubwürdig bewerten. Ein effektiver Ansatz ist es, wenn man öffentlich zugängliche Quellen professionell analysiert und damit ihren Wahrheitsgehalt bewertet. Mehrere der renommierten amerikanischen Zeitungen und TV-Stationen bieten mit ihren Faktenchecks einen solchen Service an, allerdings nicht auf kontinuierlicher Basis und allein in Bezug auf Mainstream-Medien und – aus dringendem Anlass – auf Aussagen von Donald Trump. Diesem Trend haben sich auch einige Schweizer Medien wie der *Tages-Anzeiger* und die SRG angeschlossen. In Deutschland sind es mehrere TV-Sendungen, allen voran die Talkshow *hart aber fair*. Und im April 2017 startete die ARD den *Faktenfinder*, ein Anti-Fake-News-Portal. Am konsequentesten aber tut dies die französische Qualitätszeitung *Le Monde*. Sie hat im März 2017 die Plattform Décodex lanciert, die täglich die Glaubwürdigkeit einer grossen Zahl von Medienmeldungen untersucht und bewertet, auch solche der nicht etablierten Blogs. Solche Beispiele sollten in einer Welt, die immer mehr von Fake News und Verschwörungstheorien durchseucht ist, von weiteren Medien aufgenommen werden.

Das Problem ist also extrem vielschichtig. Je deutlicher man Verschwörungstheoretikern mit Fakten entgegentritt, desto inniger schliessen sie ihre Reihen. Im Internet reagieren sie auf jede Form von Kritik reflexartig mit Totschlagargumenten. Ein solcher Effekt ist zurzeit bei den wichtigsten amerikanischen Medien zu beobachten. Diese sehen es als ihre aktuell vornehmste Aufgabe, die Lügen ihres Präsidenten akribisch zu dokumentieren. Da sie von den Verschwörungstheoretikern aber als zentraler Teil des «Bösen» in der Welt identifiziert sind, verstärkt jede neue Enthüllung die Zustimmung dieser Gruppe zu Donald Trump weiter, statt sie zu schwächen. Und somit befindet man sich in einem Teufelskreis, aus dem es keinen Ausweg zu geben scheint. Denn die Hardcore-Fans sind in einer Echokammer gefangen, in die sie sich selbst eingeschlossen haben und aus der sie nicht mehr herausfinden wollen. Diese fatale Entwicklung beschleunigt in gefährlicher Weise die heute zu beobachtenden Zerfallserscheinungen der westlichen Gesellschaften.

In normalen Zeiten kann man mit solchen Erscheinungen einigermassen gut umgehen. Doch die forsche Globalisierung und die Verwerfungen, die durch die zunehmende Digitalisierung ausgelöst werden und überall Millionen von «Abgehängten» produzieren, können die negativen Folgen von Verschwörungstheorien in gefährlicher Weise verschärfen. Wenn sich immer grössere Teile der Gesellschaft wegen ihrer als aussichtslos empfundenen Situation in Verschwörungstheorien flüchten und mit sachlichen Argumenten und Diskussionen nicht mehr erreicht werden können, wird dies zu Entwicklungen führen, bei denen die Grundfesten unserer Zivilisation ins Wanken geraten können. Dann ist es wahrscheinlich, dass neben wirtschaftlichen und gesellschaftlichen Veränderungen auch politische Prinzipien ins Rutschen geraten, die wir bisher für unverrückbar hielten. Die jüngsten Ereignisse in den USA, also in der durch ihre Verfassung am besten verankerten Demokratie der Welt, sollten als düstere Vorboten für solche Bewegungen interpretiert werden. In Ländern mit einer weniger stark institutionalisierten Gewaltenteilung und einer weniger geschützten Medienlandschaft werden Grundwerte noch schneller und heftiger aus dem Lot geraten als in den USA. All dies sollte als Hinweis dafür gesehen werden, dass der Kampf gegen die zerstörerischen Verschwörungstheorien und ihre Protagonisten in einer Zeit von epochalen Veränderungen mit grösster Ernsthaftigkeit geführt werden sollte. Die bestmögliche Transparenz über diese bislang meist im Dunkeln agierende Verschwörerszene ist eine unerlässliche Voraussetzung dafür, dass diese schwierige Aufgabe mit gewissen Erfolgsaussichten bewältigt werden kann. Wenn dieses Buch dazu einen Beitrag leisten kann, dann hat es seine Aufgabe erfüllt.

Literaturverzeichnis

Anton, A.; Schetsche, M.; Walter, M. K. (Hrsg.), *Konspiration: Soziologie des Verschwörungsdenkens,* Springer: Wiesbaden 2014.

Arendt, H., *Elemente und Ursprünge totalitärer Herrschaft,* Europäische Verlagsanstalt: Frankfurt am Main 1955.

Begley, S., «Feeling Powerless? Do I Have a Conspiracy Theory for You», in: *Newsweek,* 2. Oktober 2008 (http://www.newsweek.com/feeling-powerless-do-i-have-conspiracy-theory-you-221650, abgerufen am 18. 10. 2017).

Breitbart, A., *Righteous Indignation: Excuse Me While I Save the World,* Grand Central Publishing: New York 2011.

Bröckers, M., *Verschwörungen, Verschwörungstheorien und die Geheimnisse des 11. 9.,* Zweitausendeins: Frankfurt am Main 2002.

Bröckers, M., *Der Fall Ken Jebsen oder Wie der Journalismus im Netz seine Unabhängigkeit zurückgewinnen kann,* Verlag fifty-fifty: Frankfurt am Main 2016.

Bröckers, M., «Der tiefe Staat und die kognitive Dissonanz der Linken», in: *Rubikon,* 24. Juli 2017 (https://www.rubikon.news/artikel/der-tiefe-staat-und-die-kognitive-dissonanz-der-linken, abgerufen am 18. 10. 2017).

Brown, D., *Illuminati.* Bastei Lübbe: Bergisch Gladbach 2003.

Butter, M. (Hrsg.), *9/11. Kein Tag, der die Welt veränderte,* Schöningh: Paderborn 2011.

Butter, M., «Konspirationistisches Denken in den USA», in: Anton, A.; Schetsche, M.; Walter, M. K. (Hrsg.), *Konspiration: Soziologie des Verschwörungsdenkens,* Springer: Wiesbaden 2014, S. 259–276.

Butter, M., «Nichts ist, wie es scheint» (Interview: Ulrich Schnabel und Martin Spiewak), in: *Die Zeit,* 1. Dezember 2016 (http://www.zeit.de/2016/48/verschwoerungstheorien-populismus-einfluss-politik, abgerufen am 18. 10. 2017).

Caumanns, U.; Gronau, L.; Lange, C.; Mörsch, T. (Hrsg.). *Wer zog die Drähte? Verschwörungstheorien im Bild,* Düsseldorf University Press: Düsseldorf 2012.

Davies, P., «Reviews of Ganser, NATO's Secret Armies», in: *Journal of Strategic Studies*, 28 (6), 2005, S. 1064–1068.

Ebert, J., «Die Kriege der Mächtigen», in: *Neues Deutschland*, 17. Februar 2017 (https://www.neues-deutschland.de/artikel/1042135.die-kriege-der-maechtigen.html, abgerufen am 10.9.2017).

Eco, U., *Das Foucaultsche Pendel*, Carl Hanser Verlag: München 2011.

Ganser, D., *Europa im Erdölrausch: Die Folgen einer gefährlichen Abhängigkeit*, Orell Füssli: Zürich 2013.

Ganser, D., *NATO-Geheimarmeen in Europa. Inszenierter Terror und verdeckte Kriegsführung*, 13. Auflage, Orell Füssli: Zürich 2014.

Ganser, D., *Illegale Kriege: Wie die NATO-Länder die UNO sabotieren. Eine Chronik von Kuba bis Syrien*, Orell Füssli: Zürich 2016.

Ganser, D., «Vom Friedensforscher zum Verschwörer: Daniele Ganser und die Medien» (Interview: J. Wernicke), in: *NachDenkSeiten*, 27. März 2017 (http://www.nachdenkseiten.de/?p=37585, abgerufen am 18.10.2017).

Ganser, D., «Wer hat in Syrien Giftgas eingesetzt?», in: *Rubikon*, 11. April 2017 (https://www.rubikon.news/artikel/wer-hat-in-syrien-giftgas-eingesetzt, abgerufen am 18.10.2017).

Griffin, D., *Die Herrscher. Luzifers 5. Kolonne*, VAP: Wiesbaden 1980.

Groh, D., «Die verschwörungstheoretische Versuchung oder Why do bad things happen to good people?», in: *Merkur*, 41 (463), September 1987, S. 859–878.

Grüter, T., *Freimaurer, Illuminaten und andere Verschwörer: Wie Verschwörungstheorien funktionieren*, Fischer Taschenbuch-Verlag: Frankfurt am Main 2008.

Hansen, P. H., «Daniele Ganser. NATO's Secret Armies. Operation Gladio and Terrorism in Europe», in: *Journal of Intelligence History*, 5 (1), 2005, S. 110–113.

Hepfer, K., *Verschwörungstheorien: Eine philosophische Kritik der Unvernunft*, Transcript: Bielefeld 2005.

Hitler, A., *Mein Kampf*, Franz Eher Nachf. Verlag: München, 1925–1927.

Strauss, W.; Howe, N., *The Fourth Turning. An American Prophecy*, Broadway Books: New York 1997.

Huxley, J., «The Tissue-Culture King. A Parable of Modern Science», in: *The Yale Review*, April 1926, S. 479–504.

Jaecker, T., *Antisemitische Verschwörungstheorien nach dem 11. September. Neue Varianten eines alten Deutungsmusters*, Lit-Verlag: Münster 2004.

Jaecker, T., *Hass, Neid, Wahn. Antiamerikanismus in den deutschen Medien*, Campus-Verlag: Frankfurt am Main 2014.

Jaecker, T., «Hauptsache gegen Amerika», in: *jungle.world,* 21, 22. Mai 2014 (https://jungle.world/artikel/2014/21/hauptsache-gegen-amerika, abgerufen am 17. 10. 2017).

Jebsen, K., «KenFM über: Die innere Pressefreiheit», in: *Kritisches-Netzwerk.de,* 12. Februar 2013 (http://www.kritisches-netzwerk.de/, abgerufen am 17. 10. 2017).

Jebsen, K., «KenFM über: Wie man sich embedded, so schläft man», in: *YouTube,* 24. März 2013 (https://www.youtube.com/watch?v=Vpnoi5oiWa8, abgerufen am 17. 10. 2017).

Jolley, D.; Douglas, K., «The detrimental nature of conspiracy theories», in: *Psychology Postgraduate Affairs Group Quarterly,* 88, 2013, S. 35–39.

Joly, M., *Gespräche in der Unterwelt zwischen Machiavelli und Montesquieu,* o. O. 1864.

Kelman, D., *Counterfeit Politics. Secret plots and conspiracy narratives in the Americas,* Bucknell University Press: Lewisburg 2012.

Köppel, R., «Editorial: Göring», in: *Die Weltwoche,* 1/2016 (http://www.weltwoche.ch/ausgaben/2016-1/artikel/goering-die-weltwoche-ausgabe-12016.html, abgerufen am 17. 10. 2017).

Köppel, R., «Editorial: Fake-News-‹Arena›», in: *Die Weltwoche,* 9/2017 (http://www.weltwoche.ch/ausgaben/2017-9/artikel/fake-news-arena-die-weltwoche-ausgabe-92017.html, abgerufen am 17. 10. 2017).

Laasner, L. S., *Allein gegen die Seelenfänger. Meine Kindheit in der Psycho-Sekte,* aufgezeichnet von Hugo Stamm, Eichborn: Frankfurt am Main 2005.

Le Bon, G., *Psychologie der Massen,* aus dem Französischen von Rudolf Eisler, 15. Auflage, Kröner: Stuttgart 1982.

Linden, M., «Man versteht sich nicht», in: *Neue Zürcher Zeitung,* 11. März 2017 (https://www.nzz.ch/feuilleton/alternativmedien-und-mainstream-man-versteht-sich-nicht-ld.150637, abgerufen am 18. 10. 2017).

Lipstadt, D. E., *Betrifft: Leugnen des Holocaust,* Rio-Verlag: Zürich 1994.

Machiavelli, N., *Discorsi: Gedanken über Politik und Staatsführung,* übersetzt, eingeleitet und erläutert von Rudolf Zorn, Kröner: Stuttgart 2007.

Maurer, A., «Die Ganser-Verschwörung», in: *Schweiz am Wochenende,* 14. Februar 2015 (https://www.schweizamwochenende.ch/basel/die-ganser-verschwoerung-131036785, abgerufen am 18. 10. 2017).

McAdams, D. P., «The Mind of Donald Trump», in: *The Atlantic,* Juni 2016 (https://www.theatlantic.com/magazine/archive/2016/06/the-mind-of-donald-trump/480771/, abgerufen am 18. 10. 2017).

Medick, V., «Verschwörungstheoretiker Alex Jones: Der Mann, der Trump die Lügen ins Ohr setzt», in: *Der Spiegel*, 26. Februar 2017 (http://www.spiegel.de/spiegel/donald-trumps-finsterer-berater-der-verschwoerungstheoretiker-alex-jones-a-1136222.html, abgerufen am 18.10.2017).

National Institute of Science and Technology, *Final Report from the NIST World Trade Center Disaster Investigation*, 2005–2008 (https://www.nist.gov/engineering-laboratory/final-reports-nist-world-trade-center-disaster-investigation, abgerufen am 18.10.2017).

Petritsch, C., «Mein Vater, der bekannte Verschwörungstheoretiker», in: *Vice*, 8. Juni 2016 (https://broadly.vice.com/de/article/gyx8aq/mein-vater-der-bekannte-verschwoerungstheoretiker, abgerufen am 18.10.2017).

Pipes, D., *Verschwörung. Faszination und Macht des Geheimen*, Gerling Akademie Verlag: München 1998.

Pörksen, B., «Der Hass der Bescheidwisser», in: *Der Spiegel*, 5. Januar 2015 (http://www.spiegel.de/spiegel/print/d-131147816.html, abgerufen am 18.10.2017).

Reinalter, H., *Die Weltverschwörer: Was Sie eigentlich alles nie erfahren sollten*, Ecowin Verlag: Salzburg 2010.

Reinbold, Fabian; Reuter, Christoph; Sydow, Christoph, «Giftgasangriff in Syrien. Die Indizien, die Verschwörungstheorien, die Fakten», in: *Der Spiegel*, 12. April 2017 (http://www.spiegel.de/politik/ausland/syrien-die-indizien-die-verschwoerungstheorien-die-fakten-zum-giftgasangriff-a-1143009.html, abgerufen am 18.10.2017).

Rétyi, A. v., *Die Unsichtbare Macht: Hinter den Kulissen der Geheimgesellschaften*. Kopp-Verlag: Rottenburg 2002.

Robins, J. M.; Post, R. S., *Die Psychologie des Terrors. Vom Verschwörungsdenken zum politischen Wahn*, Droemer: München 2002.

Ronson, J., *Them: Adventures with Extremists*, Picador: London 2001.

Sarasin, P., «Was ist falsch an Verschwörungstheorien?», in: *Geschichte der Gegenwart*, 5. März 2017 (http://geschichtedergegenwart.ch/was-ist-falsch-an-verschwoerungstheorien/, abgerufen am 18.10.2017).

Sasse, S., «Die Fake-#Alternative», in: *Geschichte der Gegenwart*, 1. März 2017 (http://geschichtedergegenwart.ch/die-fake-alternative/, abgerufen am 18.10.2017).

Schindler, J., «Diamonds (and Disinformation) Are Forever», in: *The XX Committee*, 1. Oktober 2014 (https://20committee.com/2014/10/01/diamonds-and-disinformation-are-forever/, abgerufen am 18.10.2017).

Schneiders, T. G. (Hrsg.), *Islamfeindlichkeit: Wenn die Grenzen der Kritik verschwimmen*, VS Verlag für Sozialwissenschaften: Wiesbaden 2009.

Schrang, H., «TV-Skandal um Daniele Ganser: Der Geheimplan zur Diffamierung von Talkgästen», in: *Epoch Times*, 6. März 2017 (http://www.epochtimes.de/politik/europa/tv-skandal-um-daniele-ganser-der-geheimplan-zur-diffamierung-von-talkgaesten-a2064153.html, abgerufen am 18. 10. 2017).

Seidler, J. D., *Die Verschwörung der Massenmedien: Eine Kulturgeschichte vom Buchhändler-Komplott bis zur Lügenpresse*, Transcript: Bielefeld 2016.

Sorg, E., *Lieblings-Geschichten*, Opinio-Verlag: Basel 2001.

Spitzer, M., «Verschwörungstheorien – ganz normal und doch ein Problem», in: *Geist & Hirn*, 3, 2015, S. 195–202.

Stamm, H., *Scientology: Seele im Würgegriff. Übermenschen zwischen Ausbeutung und Psychoterror*, Gegenverlag: Horgen 1982.

Stamm, H., *VPM – Die Seelenfalle. «Psychologische Menschenkenntnis» als Heilsprogramm*, Werd-Verlag: Zürich 1993.

Stamm, H., *Sekten: Im Bann von Sucht und Macht. Ausstiegshilfen für Betroffene und Angehörige*, Kreuz: Zürich 1995.

Struck, L., «Alternativen von lechts und rinks», in: *Medienwoche*, 6. April 2017 (https://medienwoche.ch/2017/04/06/alternativen-von-lechts-und-rinks/, abgerufen am 18. 10. 2017).

Sutton, R..; Douglas, K., *Social Psychology*, Palgrave Macmillan: Basingstoke, Hampshire 2013.

Teusch, U., *Lückenpresse: Das Ende des Journalismus, wie wir ihn kannten*, Westend-Verlag: Frankfurt am Main 2016.

Trump, D., *The Art of the Deal*, Random House: London 1987.

Uscinski, J. E.; Parent, J. M., *American Conspiracy Theories*, Oxford University Press: Oxford 2014.

Vance, J., *Hillbilly-Elegie. Die Geschichte meiner Familie und einer Gesellschaft in der Krise*, Ullstein: Berlin 2017.

von Däniken, E., *Erinnerungen an die Zukunft. Ungelöste Rätsel der Vergangenheit*, Econ-Verlag: Düsseldorf 1968.

von Däniken, E., *Zurück zu den Sternen. Argumente für das Unmögliche*, Econ-Verlag: Düsseldorf 1969.

von Däniken, E., *Tomy und der Planet der Lüge. Der Bericht einer unmöglichen Begegnung, die sich nur einen Nano-Millimeter neben unserem Alltag abspielte*, Kopp Verlag: Rottenburg 2006.

von Däniken, E., «‹Wir müssen endlich lernen, dass die Erde kein geschlossenes System ist›» (Interview: Luzi Bürkli), in: *Bündner Tagblatt*, 4. April 2015, S. 8.

Wilson, R. A.; Shea, R., *The Illuminatus! Trilogy*, Constable & Robinson: London 1975.

Wilson, R. A., *Lexikon der Verschwörungstheorien: Verschwörungen, Intrigen, Geheimbünde*, Westend-Verlag: Frankfurt am Main 2016.

Wippermann, W., *Agenten des Bösen. Verschwörungstheorien von Luther bis heute*, be.bra-Verlag: Berlin 2007.

Würgler, O., «Das Ganser-Phänomen», in: *WOZ*, 19. Januar 2017 (https://www.woz.ch/-768a, abgerufen am 18. 10. 2017).

Ye'Or, B., *Eurabia: The Euro-Arab Axis*, Fairleigh Dickinson University Press: Madison, New Jersey 2005.

Der Autor

Roger Schawinski wurde 1945 in Zürich geboren. Er doktorierte an der Universität St. Gallen in Ökonomie. Im Schweizer Fernsehen gründete und moderierte er 1974 die Konsumentensendung *Kassensturz*, die bis heute im Programm ist. 1977 wurde er Chefredakteur der Tageszeitung *Tat*. 1979 gründete er mit Radio 24 den ersten privaten Radiosender der Schweiz. 1994 lancierte er mit TeleZüri den ersten Schweizer Privat-TV-Sender. Dort wirkte er auch als Moderator von Talksendungen. 1998 startete er mit Tele 24 das erste nationale Privatfernsehen. 2001 verkaufte er sein Unternehmen an die Tamedia. Im Dezember 2003 wurde er Geschäftsführer von Sat.1 in Berlin. 2008 kehrte er nach Zürich zurück und lancierte mit Radio 1 einen Sender für Erwachsene. 2013 kam der Jugendsender Planet 105 hinzu. Roger Schawinski ist Autor einer Vielzahl von Kolumnen, Artikeln und Büchern, u. a. *Das Ego-Projekt, Die TV-Falle, TV-Monopoly, Ich bin der Allergrösste* und die Autobiografie *Wer bin ich?*. Im November 2016 verlieh ihm die Universität Freiburg die Ehrendoktorwürde.